나의 영성 매뉴얼
신성한 성품으로 사는 영성 훈련

이광진 지음

신앙과지성사

서문

'신성한 성품'으로 자라나는
영성 훈련의 여정에 대하여

오늘날 우리는 수많은 영적 위기와 도전 앞에 서 있다. 개인의 내면은 파편화되고, 교회 공동체는 성숙한 인격과 삶의 통합을 갈망하지만, 이를 체계적으로 이끌어 줄 영성 훈련은 부족한 실정이다. 그리스도인으로서 '신성한 성품'에 이르기 위한 여정은 단지 윤리적 향상이나 종교적 열심을 넘어, 하나님 나라의 본질을 삶으로 살아내는 깊은 소명이다. 본서는 이러한 갈망과 소명을 품고 기획된 영성 훈련의 이론과 실제를 담고 있다.

특히 본서의 출발점은 베드로후서 1장 3-11절에 제시된 '신성한 성품에의 참여'라는 영적 비전이다. 이 본문은 단순한 교훈을 넘어, 믿음에서 시작해 덕과 지식, 절제와 인내, 경건과 형제 우애를 거쳐 사랑에 이르는 덕의 사다리라는 훈련의 구조를 제공한다. 이 구조는 영적 성숙의 방향성과 실천의 기초를 제시하며, 현대 한국 교회가 회복해야 할 영성의 중심을 재정립하는 데 중요한 통찰을 준다.

제1부 이론 편은 '영성'의 본질과 신학적 근거, 개신교 영성의 역사적 단절과 회복, 그리고 현대적 훈련 모델의 정립 과정을 다룬다. 영성 훈련이 단지 개인적 수양이나 감정적 체험이 아니라, 성령의 역사와 신성한 성품에 참여하는 존재론적 변화임을 신학적으로 조명한다. 또한 이러한 훈련이 교회와 사회 속에서 어떻게 구현되어야 하는지를 삶의 통합적 관점에서 제시한다.

　　제2부 실제 편은 이론적 기초 위에 세워진 훈련 커리큘럼과 실천 자료를 구체적으로 소개한다. 10주간의 '신성한 성품으로의 여정' 훈련, 6주간의 심화 훈련, 소그룹 리더를 위한 가이드와 워크북, 나아가 일상에서 신성한 성품을 실현하는 삶과 사명의 지침까지 포함되어 있다. 이는 단지 교재를 넘어서 교회와 성도들의 삶을 새롭게 조직하는 실제적 도구가 되도록 구성되었다.

　　이 책은 영성을 단순히 '경건'이나 '기도 생활'로 환원하지 않는다. 오히려 삶 전체를 하나님 나라의 질서 안에서 회복시키는 여정으로, 영성을 바라보게 한다. 그것은 곧 '신성한 성품으로서의 영성'이며, 이를 통해 개인과 공동체는 변화하고 세상을 향한 사명으로 나아가게 된다.

　　이 책이 목회자, 사역자, 리더, 그리고 훈련을 받는 성도들에게 유익한 이론적 지도이자 실제적 여정의 동반자가 되기를 바란다. 무엇보다 이 책을 통해 우리가 모두 '신성한 성품'에 이르는 여정을 함께 걸어가며, 하나님 나라 백성으로서의 삶을 더 깊이 살아가게 되기를 기도한다.

끝으로, 매 집필마다 곁에서 아낌없는 격려와 사랑으로 도움을 준 사랑하는 아내 오영숙에게 진심으로 감사하며, 이 책의 출간을 기꺼이 허락해 주신 신앙과지성사의 최병천 대표께도 깊은 감사의 마음을 전한다.

2025년 9월
이광진

차례

서문 · 3

제1부 이론 편

제1장 영성이란 무엇인가?
1. 영성의 개념 혼란과 오늘의 요청 ·· 13
2. 성경에서 본 영성의 본질 ··· 14
3. 교회사 속의 영성 전통과 현대 영성 운동 개관 ······························ 15
4. 통합 영성의 요청: 관계·덕목·사명 ·· 22

제2장 베드로후서 1장 3~11절의 구조와 영성 훈련의 모델 – '신성한 성품에의 참여'를 향한 덕의 사다리
1. 성경 본문 분석: 벧후 1:3~11 ·· 23
2. '신성한 성품에의 참여'란 무엇인가? ··· 24
3. '덕의 사다리'의 구조 ·· 25
4. '신성한 성품'과 통합 영성 훈련 모델 ·· 26

제3장 개신교 영성의 단절과 회복: 현대 한국 교회를 위한 성찰
1. 종교개혁과 영성의 근본 회복 ··· 27
2. 근대 계몽주의와 신앙의 심리화 ··· 28
3. 한국 교회의 급성장과 기능 중심의 영성 ······································· 28
4. 현재의 단절: 영성의 왜곡과 피로 ··· 29
5. 회복의 가능성: 통합 영성과 '신성한 성품' 훈련 ···························· 29
6. 통합 영성 훈련의 회복 제안 ·· 30
7. 통합 영성 훈련의 신학적 재구성 ·· 31
8. 결론: '신성한 성품의 회복'을 위한 영성의 재정의 ························· 32

제4장 '덕의 사다리'와 현대적 영성 훈련 모델

1. '신성한 성품'에 이르는 여정: 베드로후서 1장의 8단계 ········· 33
2. '덕의 사다리'의 개념: 훈련을 위한 적용 모델 ················· 34
3. 각 단계의 훈련 목표와 실제 ································· 35
4. 영성 훈련의 실제 적용: 교회와 공동체에서의 활용 ············ 36
5. 마무리 요약 ·· 36

제5장 영성 훈련의 신학적 정립: 신성한 성품과 성령의 역할

1. '신성한 성품' 훈련의 신학적 기초 ···························· 37
2. 성령의 사역과 내적 변화 ···································· 38
3. 신성한 성품: 덕목의 체계성과 영성의 방향성 ················ 39
4. 성화와 영성 훈련의 관계 ···································· 39
5. 신학과 실천의 통합을 위한 제언 ····························· 43
6. 결론 ··· 43

제6장 영성 훈련과 삶의 통합: 교회와 사회에서의 적용

1. 영성과 삶의 통전성 ··· 45
2. 교회 공동체 안에서의 실천 ·································· 45
3. 일상에서의 영성 실천 ······································· 46
4. 사회적 책임과 참여 ··· 47
5. 마무리: 통합된 영성, 살아 있는 제자도 ······················ 47

제7장 통합적 영성 훈련과 사명 중심 영성

1. 영성 훈련의 최종 목적: '거룩한 삶'에서 '보냄 받은 삶'으로 ··· 48
2. 사명 중심 영성의 네 가지 핵심 영역 ························· 48
3. 공동체와 사명 중심 영성 ···································· 49
4. 통합 영성과 사명 영성의 통전적 결합 ······················· 50

제2부 실제 편

제1장 통합 영성 훈련 커리큘럼: 신성한 성품으로의 여정
    1. 통합 영성의 원리: 신성한 성품으로의 부르심 ········· 52
    2. 훈련 개요: 삼중 축 ········· 53
    3. 훈련 단계: 세 단계 구조 ········· 54
    4. 훈련 방법: 사다리 모델과 통합 실행 방식 ········· 55
    5. 훈련의 도구와 내용 ········· 56

제2장 베드로후서 1장 4~7절에 기초한 '신성한 성품으로의 여정'을 위한 10주 훈련 자료 개요
    1. 전체 구성 ········· 58
    2. 훈련 개요 및 안내 ········· 58
    3. 훈련 실행 가이드 ········· 59
    부록(매뉴얼용) 상세 설명 ········· 60

제3장 '신성한 성품으로의 여정'을 위한 훈련 10주 과정 참여자용 워크북 ········· 69

제4장 '신성한 성품으로의 여정'을 위한 훈련 10주 과정 목회자 및 소그룹 리더 매뉴얼
    1. 매뉴얼의 목적 ········· 96
    2. 프로그램의 신학적 기초 ········· 96
    3. 이 훈련이 필요한 이유 ········· 97
    4. 훈련 실행 가이드 ········· 98

제5장 '신성한 성품으로의 여정'을 위한 훈련 10주 과정 각 주차별 세부 지도안 자료
    1. 전체 구성 ········· 100
    2. 각 주차별 세부 지도안 자료 ········· 101
    부록 ········· 122

제6장 **심화 영성 훈련 과정: 신성한 성품의 삶과 사명을 위한 6주 과정 각 주차별 리더용 지도 매뉴얼과 참여자용 워크북**
  1. 6주 커리큘럼 개요 ··· 125
  2. 각 주차별 리더용 지도 매뉴얼과 참여자용 워크북 자료 ··············· 126

제7장 **영성 훈련 리더 가이드: 동반자이자 영적 안내자로서의 소명**
  1. 서론: 리더는 안내자이며 동행자다 ··· 141
  2. 영성 훈련 리더의 정체성과 자세 ·· 141
  3. 구체적 인도 방법과 실습 ··· 142
  4. 나눔과 실천을 위한 질문 가이드 ·· 143
  5. 도전 상황과 리더의 대응 ··· 143
  6. 리더의 자기관리의 영적 성장 ·· 144
  7. 결론: 리더는 가르치는 자가 아니라 살아내는 자다. ················· 144

제8장 **통합 영성의 실제와 사명: 일상에서 살아내는 신성한 성품**
  1. 서론: 훈련에서 실천으로 ··· 145
  2. 통합 영성의 네 가지 실제 영역 ·· 145
  3. 사명으로서의 통합 영성: '신성한 성품'의 사회적 확장 ············· 146
  4. 일상의 영성 실천: 훈련 이후의 삶 ··· 147
  5. 결론: 영성은 삶의 방식이며, 사명은 실천의 자리다 ················· 148

제9장 **통합적 영성 훈련과 사명 중심 영성에 대한 자료**
  1. 참여자용 워크북 활동지(질문과 실천 과제) ····························· 149
  2. 리더용 주간 강의안·설교안 ··· 151
  3. 소그룹 리더용 나눔 질문지 및 진행 가이드 ···························· 153
  4. 적용 나눔(25분) ·· 154
  5. 공동 실천과 기도(10–15분) ··· 154

9

제10장 **소그룹 리더 교육 자료 및 지도 가이드**
    1. 교육 목표 ··· 155
    2. 핵심 개념 정리 ·· 155
    3. 리더 역할 가이드 ··· 155
    4. 실행 팁 ··· 156
    부록 ··· 157

제11장 **결론: '신성한 성품'으로의 영성: 신학과 삶의 통합을 향하여** ············· 159

별도 부록
    1. 통합 영성 실천 자료 모음 · 162
    2. 영성 평가 도구 샘플 · 166
    3. 추천 도서 목록 · 169
    4. "신약성서에 나타난 '소박한 신인협동설'에 관한 연구 – 서신서들을 중심으로" · 172

제1부
이론 편

제1장

영성이란 무엇인가?

　한국 개신교 목회자들 중에는 '영성(spirituality)'이라는 용어 사용을 꺼리는 경우가 있다. 이유는 단순하다. 우리말 성경에서 '영성'이라는 단어를 찾아볼 수 없기 때문이란다. 이들은 '영성'이 성서적이라기보다 가톨릭 전통에 기초한 외래 신학 용어라며, 성서에서 자주 등장하는 '경건'이라는 말을 사용해야 한다고 주장한다.

　그러나 이는 부분적 진실에 머무른 주장이다. 영어 성경을 살펴보면, 베드로후서 1장 4절에 'divine nature(신적 성품, 하나님의 본성, 신성한 성품)'라는 표현이 등장한다. 이 표현은 영어권에서 spirituality(영성), divinity(신성)와 더불어 '영성'을 나타내는 주요 개념으로 여겨진다. 실제로 'divine nature'는 '신적 성품', '하나님의 본성', '신성한 품성' 등으로 번역되며, 영성의 사전적 정의인 '신령한 품성이나 성질'과 긴밀하게 연결된다.

　더 나아가 교회사적으로도 '영성'은 단지 현대의 조어가 아니라 고대 교회로부터 이어져 온 유서 깊은 개념이다. 바울 서신에서 등장하는 '영적인 인간(ὁ πνευματικός)'은 '성령을 따르는 인간'을 가리키며, 이 '영적'이라는 말은 헬라어 프뉴마티코스(πνευματικός)에서 비롯되었다. 라틴어에서는 이것이 spiritualis로 번역되었고, 후에 'spiritualitas(영성)'라는 명사형이 형성되었다. 이 개념을 의도적으로 처음 사용한 이는 5세기 리에즈(Riez)의 주교였던 파우스투스(Faustus)로 알려져 있다. 그는 바울의 표현을 따라 '성령을 따르는 삶'을 설명하며 '영성'이라는 개념을 신학화했다.

그러나 주목할 점은, 'spiritualitas'라는 표현 자체는 바울 서신에 직접 등장하지 않는다는 것이다. 반면 베드로후서 1장 4절에서 우리는 명확하게 영성을 뜻하는 '신성한 성품'이라는 표현을 만난다. 이 구절은 그리스도인의 삶의 목표가 단순히 윤리적 수양이나 종교적 열심이 아니라, 하나님과의 본질적 일치를 지향한다는 점을 선언한다. 따라서 우리는 영성 신학의 성서적 토대를 보다 확고히 하려면, 바울 서신뿐 아니라 베드로후서를 중심으로 한 신학적 탐구가 반드시 병행되어야 한다고 주장할 수 있다.

이러한 이유로, 본서는 영성을 단지 '경건 생활'이나 '묵상적 자세'로 축소시키지 않고, 하나님의 성품에 참여하는 존재적 변화로 규정하고자 한다. 그리고 그 핵심은 베드로후서 1장 4~11절에서 언급되는 '신성한 성품(divine nature)'이라는 개념에 기반을 둔다. 영성이란 곧 하나님의 성품을 닮아가는 여정이며, 그리스도인의 존재론적 변화, 곧 존재의 탈바꿈(transformation)을 말한다.

1. 영성의 개념 혼란과 오늘의 요청

오늘날 '영성'이라는 용어는 기독교 바깥에서도 일상적으로 쓰이고 있다. 명상, 웰빙, 자아 돌봄, 치유, 자연 친화적 감수성 등 다양한 맥락에서 '영적이다', '영성적이다'라는 표현이 남용되고 있다.

기독교 내에서도 '영성'은 감정적 체험, 신비주의적 열광, 기도 방법론, 혹은 단순한 경건 생활의 반복 등으로 편협하게 이해되어왔다. 그러나 성경이 말하는 영성은 단순한 종교적 감정이나 수행이 아니라, 인격과 삶 전반을 변화시키는 하나님의 생명에의 참여다.

"그의 신기한 능력으로 생명과 경건에 속한 모든 것을 우리에게 주셨으니 … 너희가 정욕 때문에 세상에서 썩어질 것을 피하여 신성한 성품에 참여하는 자가 되게 하려 하셨느니라." (벧후 1:3~4)

'영성'이란, 하나님과의 관계 속에서 살아가며 그분의 성품에 참여해 가는 변화의 여정이다. 이 정의는 다음과 같은 세 가지 핵심 축을 전제한다.

관계성: 하나님과의 인격적 만남과 지속적인 교제
참여성: 하나님의 본성과 생명에 실제로 참여하는 실존적 연합
변화성: 거룩함과 덕의 열매로 구체화 되는 존재의 재구성

2. 성경에서 본 영성의 본질

구약에서 영성은 '하나님께 순종하며, 흠 없이 살아가는 삶' (창 17:1)으로 나타난다. 즉, 경외함과 순종의 윤리, 율법 안에서 거룩한 존재

로 변화되어 가는 삶이 곧 영성이다.

　신약에서 영성은 예수 그리스도를 따르는 제자도의 길 안에서 표현된다. 십자가를 지고 자기 부인을 실천하며(막 8:34 병행), 성령 안에서 하나님의 형상을 회복해 가는 삶이다(롬 8:29; 엡 4:21~24; 골 3:9~10; 갈 5:22~25).

　특히 베드로후서 1장은 신적 영성의 구조를 아주 분명하게 제시한다. 여기서 말하는 영성은 다음과 같은 구조적 특성을 갖는다.

　출발점: 하나님의 신적 능력(1:3)
　매개: 예수 그리스도를 아는 지식(1:3)
　목표: 신성한 성품에 참여(1:4)
　경로: 덕목의 사다리(1:5~7)
　검증: 열매 있는 삶(1:8)
　경고: 기억상실, 망각(1:9)
　확신: 부르심과 택하심을 굳게 함(1:10)
　구원: 영성의 종말론적 성취(1:11)

　이러한 구조 속에서 '영성'은 한 개인이 단순히 기도하고 느끼는 감정이 아니라, 하나님의 부르심에 응답하여 점진적으로 변형되어 가는 삶 전체의 방향성이다.

3. 교회사 속의 영성 전통과 현대 영성 운동 개관

1) 초대교회 영성의 특징과 전통

초대교회의 영성은 예수 그리스도의 삶과 가르침을 중심으로 형성되었다. 이것은 성경, 특히 사도행전과 서신서에서 드러나는 공동체적 신앙생활과 기도, 찬양, 사랑 실천을 강조한다. 여기서는 특히 묵상과 기도가 영성 생활의 중요한 축으로 자리 잡았고, 순교와 고난을 통한 신앙의 견고화가 형성되었다. 그리고 여기에는 공동체 안에서 서로를 돌보는 '형제애'와 '섬김'의 영성이 나타났다.

2) 중세: 수도원 영성과 신비주의 전통의 형성

중세시대에 들어서면서 영성은 보다 조직적이고 제도적인 형태로 발전하게 된다. 특히 수도원 운동은 '영성'을 실천하는 장으로서 결정적인 역할을 했다. 베네딕도 수도회는 "기도하라(Ora) 그리고 일하라(Labora)"는 모토를 내걸고, 하루 일과 전체를 하나님 앞에서의 삶으로 조직화했다. 이들은 공동체 생활, 규칙적인 기도, 노동, 묵상, 성경 읽기를 통하여 영성을 구체적인 삶의 방식으로 정립했다.

이 시기에는 또한 신비주의 전통도 중요한 위치를 차지했다. 클레르보의 베르나르(Bernard of Clairvaux), 마이스터 에크하르트(Meister Eckart), 요한 타울러(Johannes Tauler)와 같은 인물들은 하나님과의 직접적 연합 혹은 일치를 강조했다. 그들에게 영성은 하나님과의 인격적 교제이자, 감정과 지성, 의지 모두를 포함하는 전인격적 여정이었다. 특히, 이들은 '내적 인간'의 변화를 통해 '신적 존재'에 가까워지는 과정, 즉 '신적 성품'에 참여하는 길로서 영성을 이해했다는 점에서 주목할 만하다.

3) 종교개혁기의 영성: 경건과 성화 중심으로

16세기 종교개혁은 '영성' 개념에도 커다란 전환을 가져왔다. 루터는 '믿음으로 말미암아 의롭게 되는 삶'을 강조하면서, 영성은 신비한 체험이나 수도적 고행이 아니라, 오직 믿음으로 하나님과의 관계 안에서 살아가는 것이라고 주장했다. 그는 모든 신자가 제사장이라는 '만인 제사장론'을 주장하며, 일상적 삶이 곧 거룩한 영성의 장임을 선언했다.

칼빈 역시 영성의 중심을 '하나님 앞에서의 삶'에 두었다. 그는 『기독교 강요』에서 성령의 사역을 통해 하나님의 뜻에 따라 변화되는 삶, 곧 말씀과 기도로 살아가는 삶을 진정한 영성의 모습으로 보았다. 이 시기부터 '영성'이라는 말보다는 '경건'이나 '성화'라는 용어가 개신교 내에서 '영성' 개념을 대신하게 되었다.

4) 근대 이후의 영성: 경건주의와 체험 중심의 흐름

17세기 이후에는 청교도 전통과 경건주의 운동이 '영성' 개념을 더욱 실천적이고 체험 중심적으로 발전시켰다. 필립 야콥 슈페너(Philip Jacob Spener)와 아우구스트 헤르만 프랑케(August Herman Francke)로 대표되는 경건주의자들은 개인의 회심과 성경 읽기, 공동체적 소그룹 활동을 통해 '살아있는 신앙'을 강조했다. 이들은 믿음의 감정과 체험을 영성의 핵심 요소로 보았다.

18세기 웨슬리 형제를 중심으로 한 감리교 운동도 영성의 대중화에 중요한 기여를 했다. 요한 웨슬리는 '사랑의 완성'을 영성의 목표로 삼고, 매일의 삶 속에서 말씀과 기도, 성도의 교제를 통해 그리스도인의 성숙을 이끌어냈다.

이 시기 이후 '영성'은 개인적인 내면 변화, 감정적 회심, 도덕적 성숙 등과 밀접히 연결되었으며, 삶의 실천과 체험이 영성의 필수적 요소로 자리 잡았다.

5) 현대 영성 신학: 다양화와 혼란 사이에서

20세기 이후 영성은 신학의 한 분과로서 독립적인 발전을 이룩하게 된다. 로마 가톨릭에서는 토마스 머튼(Thomas Merton), 헨리 나우웬(Henri Nouwen), 앤소니 드 멜로(Anthony de Mello) 등 다양한 인물들이 영성을 단순한 개인 수양을 넘어서 공동체적·사회적 차원으로 확대시켰다. 또한 해방신학, 페미니즘 신학 등에서도 영성은 억압으로부터의 해방과 생명력의 회복이라는 주제로 새롭게 조명되었다.

개신교 역시 체험적 신앙과 실천적 신앙의 통합을 시도하며 영성 신학을 발전시켰다. 그러나 동시에 심리학적 자기 계발이나 치유 담론과 뒤섞이면서, '영성'이라는 말은 점차 모호해지고, 신학적 기반이 약화되는 경향도 나타났다. 다양한 수식어가 붙은 '영성들'(예: 리더십 영성, 노동 영성, 심리 영성, 생태 영성 등)은 풍성한 발전이기도 하지만, 통합적 기준의 부재로 인해 방향성을 상실하기도 했다.

6) 현대 영성 운동 개관

(1) 배경과 역사

현대 영성 운동은 19세기 말에서 20세기 초를 거쳐 현재까지 다양한 형태로 발전해 온 신앙과 영적 삶의 흐름을 말한다. 이 운동은 전통적인 교회 중심 신앙에서 벗어나 개인의 내면적 경험과 삶의 실제 문제에 더욱 집중하는 경향이 강하다.

19세기 이후 산업화, 과학의 발달, 도시화로 인한 사회 변화와 함께 전통 종교가 겪는 위기 속에서, 개인의 '영적 필요'가 더욱 강조되기 시작했다. 특히 심리학과 철학, 동양 사상과의 대화가 활발해지면서 새로운 영성 형태가 출현했다.

(2) 주요 특징
① 개인 내면의 영성
외형적 종교 의식보다 개인의 '내면적 체험'과 '영적 성장'이 중요시된다. 명상, 침묵, 자기성찰 등이 핵심 실천 요소다.
② 초종교적 요소
다양한 종교 전통의 영성 요소를 통합하거나 비교 연구하는 경향이 있다. 예를 들어, 기독교 영성에 불교 명상법이나 요가의 요소가 도입되기도 한다.
③ 사회적 영성
영성은 개인을 넘어 사회 정의, 환경 보호, 평화 운동 등 사회적 실천과 연결된다. 단순히 개인 구원에 머무르지 않고 세상 변화로 확장되는 특징이 있다.
④ 심리학과 영성의 융합
프로이트, 융, 윌리엄 제임스 등의 심리학과 영성 연구가 결합되면서, 내면 치유와 자기 실현에 대한 관심이 높아졌다.

(3) 주요 인물 및 운동
① 토마스 머튼(Thomas Merton)

트라피스트 수도사이자 신비주의자로, 동서양 영성의 대화와 사회적 실천을 강조했다.

② 헨리 나우웬(Henri Nouwen)

현대 영성 지도자로, 인간의 연약함과 사랑을 통한 치유를 강조했다.

③ 제2차 바티칸 공의회 (1962-1965)

가톨릭교회가 전통과 현대성을 조화시키려는 노력의 일환으로 영성에 관한 새로운 방향성을 제시했다.

④ 신비주의 및 명상 운동

기독교 명상, 수련회, 침묵기도, 마음챙김(mindfulness) 등이 대중화되었다.

(4) 현대 영성 운동의 실천 양식

① 명상과 침묵기도

집중과 내면 관찰을 통해 영적 성장을 돕는다.

② 영성 일기와 성찰

자신의 신앙 경험과 일상을 기록하며 성장 과정을 점검한다.

③ 예술과 창조성

음악, 미술, 시 등 예술을 통한 영성을 체험한다.

④ 사회 참여와 섬김

봉사활동, 사회 정의 운동 참여로 영성을 삶 속에 실천한다.

(5) 요약

현대 영성 운동은 전통적인 교회 중심 영성에서 벗어나 개인의 내면 경험과 사회적 실천을 중시하는 다면적이고 통합적인 영성 흐름이다. 심리학, 동서양 사상, 예술, 사회운동 등 다양한 영역과 접목되어 오늘날 신앙인뿐 아니라 비종교인에게도 폭넓은 영향을 미치고 있다.

7) 한국 개신교에서의 수용과 도전

한국 개신교에서는 20세기 중반 이후 '영성'이라는 개념이 본격적으로 수용되기 시작했다. 그러나 여전히 '영성'이라는 용어에 대한 반감이 존재하며, 많은 이들이 이를 '가톨릭적' 또는 '비성서적' 용어로 간주한다. 특히 일부 목회자들은 '영성'이라는 단어가 개신교 성경에는 등장하지 않는다는 점을 근거로, 이를 사용하지 않거나 '경건'이라는 표현으로 대체해야 한다고 주장하기도 한다.

그러나 앞서 살펴보았듯이, 영성은 'spiritualitas'라는 교회사적 유산을 가진 성경적, 신학적 용어이며, 특히 베드로후서 1장 4절에 나타난 '신성한 성품에 참여한다'는 표현은 '영성' 개념의 본질을 드러내는 핵심 본문 중 하나다. 따라서 '영성'은 결코 비성서적이거나 외래적인 개념이 아니며, 오히려 성경에 깊이 뿌리내린 존재론적·윤리적 개념임을 분명히 할 필요가 있다.

지금까지 살펴본 영성의 개념사적 전개는, 결국 '하나님을 닮는 삶', 곧 신성한 성품에 참여하는 존재론적 전환으로 귀결된다.

4. 통합 영성의 요청: 관계·덕목·사명

따라서 우리는 이제 '영성'을 단순한 기도 체험의 영역에서 꺼내어, 전 인격적 변화의 구조로 다시 회복해야 한다. 이 책이 제안하는 영성의 정의는 다음과 같다.

영성이란 하나님과의 관계 안에서 '신성한 성품'에 참여하여, 삶 전체가 하나님 나라의 목적에 조응되도록 훈련되어 가는 인격적 실재다.

이 영성은 세 가지 통합 구조를 필요로 한다.

구조	내용	키워드
관계	하나님과의 지식과 친밀함	말씀, 기도, 예배
덕목	성령을 통한 인격 변화	사랑, 절제, 인내
사명	세상을 향한 실천적 책임	소명, 정의, 섬김

마무리 요약

영성은 단순한 체험이나 감정이 아니라 하나님과의 관계, 성령을 통한 참여, 덕의 변화이다. 베드로후서는 이러한 영성을 '신성한 성품에 참여하는 삶'으로 구조화한다.

우리에게는 교회와 신학교, 공동체, 삶의 현장에서 이 통합적 영성 회복이 절실하다.

제2장

베드로후서 1장 3-11절의 구조와 영성 훈련의 모델
– '신성한 성품에의 참여'를 향한 덕의 사다리

1. 성경 본문 분석: 베드로후서 1장 3~11절

"그의 신기한 능력으로 생명과 경건에 속한 모든 것을 우리에게 주셨으니 이는 자기의 영광과 덕으로써 우리를 부르신 이를 앎으로 말미암음이라. 이로써 그 보배롭고 지극히 큰 약속을 우리에게 주사 이 약속으로 말미암아 너희가 정욕 때문에 세상에서 썩어질 것을 피하여 신성한 성품에 참여하는 자가 되게 하려 하셨느니라. 그러므로 너희가 더욱 힘써 너희 믿음에 덕을, 덕에 지식을, 지식에 절제를, 절제에 인내를, 인내에 경건을, 경건에 형제 우애를, 형제 우애에 사랑을 더하라." (벧후 1:3~7)

이 본문은 신적 영성의 신학적 선언이자, 실천적 구조를 동시에 담고 있다. 영성은 하나님의 능력과 약속에서 시작되며, 구체적인 인격 훈련의 여정을 요구한다. 베드로후서 1장 3~11절이 보여주는 영성의 5단계 구조는 다음과 같다.

단계	내용	신학적 의미
1	하나님의 능력과 약속	영성의 근원과 출발 (v.3~4)
2	신성한 성품에의 참여	영성의 본질과 목표 (v.4)
3	덕의 사다리 (믿음 → 사랑)	영성의 훈련 경로 (v.5~7)
4	열매와 확신	영성의 검증과 보증 (v.8~10)
5	영원한 나라에 들어감	영성의 종말론적 성취 (v.11)

이 구조는 영성을 정적인 상태가 아니라, 하나님의 은혜 안에서의 동적인 성장 과정으로 본다.

2. '신성한 성품에의 참여'란 무엇인가?

이 표현은 단순한 비유가 아니다. 원어로 'κοινωνοὶ θείας'이다. 'φύσεως'는 '신적 본성(divine nature)의 교제자, 참여자'라는 강한 연합의 의미를 지닌다. 이는 다음을 함의한다.

존재적 참여: 하나님의 생명에 실제로 연합됨
윤리적 참여: 하나님의 성품을 닮아가는 인격적 변화
종말론적 참여: 완전한 영화의 미래 상태를 향한 현재의 훈련

이 개념은 동방 정교회의 '신화(θεοσις, theosis)' 개념과도 유사하지만, 여기서는 윤리적·영성적 참여에 초점을 둔다.

3. '덕의 사다리'의 구조

베드로후서가 제시하는 영성의 실천 경로는 다음과 같은 8단계의 인격 훈련이다.

믿음 → 덕 → 지식 → 절제 → 인내 → 경건 → 형제 우애 → 사랑

이 덕의 목록은 사다리의 구조를 지니고 있다. 이 '덕의 사다리' 구조에 대해서는 제4장에서 더 자세히 설명할 것이다. 이 사다리는 단순한 도덕적 훈련이 아니라, 성령 안에서 이루어지는 존재의 변화 과정이다. 각 단계는 전 단계에 기초하며, 점진적이고 유기적인 연속성을 지닌다.

단계	훈련 내용	오늘날의 적용
믿음	하나님과 관계 맺기	정체성 회복, 복음 이해
덕	실천적 용기	정직, 책임감, 행동력
지식	분별력 있는 통찰	성경 이해, 자기 인식
절제	자기 통제력	감정 관리, 욕망 절제
인내	고난의 인내	회복력, 실패 수용
경건	하나님 중심의 삶	예배, 순종, 하나님 의식
형제 우애	공동체적 사랑	연대, 섬김, 용서
사랑	아가페적 완성	조건 없는 사랑, 희생

이 사다리는 기독교 영성에서 매우 희귀하게 발견되는 구체적이고 누적적인 '성품 훈련 프로그램'을 제시한다는 점에서 대단히 중요하다.

4. '신성한 성품'과 통합 영성 훈련 모델

위에서 살펴본 베드로후서의 구조를 기반으로, 이 책은 '통합 영성 훈련 모델'을 다음과 같이 정리한다.

핵심 원리 1: 관계 → 덕목 → 사명
하나님과의 인격적 관계 속에서 신성한 성품으로 변화되어 가며 세상을 향해 사명을 실천한다.

핵심 원리 2: 은혜 안에서의 협력적 훈련
구원은 전적으로 은혜이나 성숙은 인간의 훈련과 성령의 협력이 병행된다. "너희가 더욱 힘써…"(5절)라는 말은 훈련을 통한 덕의 성장 여지를 전제한다. 여기서 말하는 성령과 인간의 협력은 이른바 펠라기우스의 '신인협동설'을 말하는 것이 아니다. 독일의 신약학자 게르트 타이센(Gerd Theissen)과 필자가 주장하는 '소박한 신인협동설'을 말하는 것이다. 이 '소박한 신인협동설'에 관해서는 본서 부록에 실려 있는 필자의 논문을 참조하길 바란다.

마무리 요약
베드로후서 1장은 영성의 가장 정밀한 구조를 제공한다. '신성한 성품에의 참여'는 존재적 변화, 윤리적 실천, 종말론적 희망이 통합된 개념이다. 8단계 덕목은 구체적 영성 훈련 커리큘럼으로 확장 가능하다. 통합 영성은 관계-덕목-사명의 흐름으로 구조화되며, 성령 안에서 협력적 훈련을 요구한다.

제3장

개신교 영성의 단절과 회복
-현대 한국 교회를 위한 성찰

1. 종교개혁과 영성의 근본 회복

종교개혁은 단순한 교회 제도의 개혁이 아니라, 영성의 본질에 대한 근본적인 회복을 목표로 한 운동이었다. 루터는 '의인은 믿음으로 말미암아 살리라'는 로마서 1장 17절에 기반해 구원과 신앙의 중심을 인간의 행위가 아니라 하나님의 은혜에 두었으며, 이는 영성의 출발점이 인간의 노력이나 수도적 수련이 아닌 하나님의 주권적 임재임을 선포한 것이었다.

칼빈 역시 『기독교 강요』에서 '경건'을 신앙의 핵심 개념으로 삼으며, 하나님을 경외하는 마음과 일상의 순종을 참된 영성의 표시로 보았다. 이로써 종교개혁은 당대 로마 가톨릭 교회의 형식적·의례적 신앙에서 벗어나 내면의 회심과 하나님과의 인격적 관계를 강조함으로써 영성의 깊은 갱신을 이끌었다.

2. 근대 계몽주의와 신앙의 심리화

그러나 근대 이후 계몽주의의 영향은 개신교 영성의 한 축을 약화시키는 계기가 되었다. 이성 중심주의는 신앙의 초월성과 신비성을 부정하고, 종교를 도덕적 실천이나 심리적 위안으로 축소시켰다. 신학은 자연신학이나 자유주의 신학으로 흘러, 성령의 현존이나 은총의 능동적 체험보다는 인간의 경험과 도덕적 자기 수양에 무게를 두게 되었다.

이러한 흐름 속에서 영성은 점차 '주관적 감정의 세계'로 심리화되었고, 신학은 실존적이고 도구적인 해석을 강화하여 신앙의 초월적이고 실재적인 차원을 약화시켰다. 이로 인해 복음주의 진영 안에서도 성령 체험은 '비이성적'이거나 '신비주의적'이라는 비판을 받게 되었고, 영성은 교리적 정통성이나 사역 중심의 기능주의로 대체되었다.

3. 한국 교회의 급성장과 기능 중심의 영성

20세기 중반 이후 한국 교회는 놀라운 부흥을 경험했지만, 그 과정에서 영성의 실체는 제도화된 신앙생활과 성장 중심의 교회 모델 속에서 약화되었다. 교회는 규모와 활동, 숫자 중심의 성공 모델을 따르면서, 개인의 내면 성숙보다는 외형적 헌신과 복종을 강조하는 경향을 보였다.

'기도 많이 하는 신앙', '봉사 열심히 하는 신앙', '전도 많이 하는 신앙'이 곧 영성으로 오인되었으며, 성도 개개인의 인격적 변화와 성숙, 그리고 하나님과의 살아 있는 관계는 뒤로 밀려났다. 영성은 더 이상 존재론적 변화나 '신성한 성품으로의 참여'가 아니라, 활동의 양과 신앙 열심의 정도로 평가되는 것이 일상화되었다.

4. 현재의 단절: 영성의 왜곡과 피로

오늘날 한국 교회는 영성의 본질적 회복을 요구받고 있다. 외형적 성장주의, 기복주의 신앙, 권위주의적 리더십, 세속적 성공 지향은 많은 신자들을 영적 탈진으로 이끌었고, 하나님과의 인격적 관계를 회피하거나 형식적 종교 행위에 머물게 만들었다.

특히 젊은 세대는 교회 내의 '진정성 없는 영성'에 대해 깊은 회의를 품고 있으며, 이는 탈종교화와 교회 이탈 현상으로 이어지고 있다. 이들은 단순한 교리 교육이나 활동 참여가 아닌, '진짜 하나님과의 만남'과 '내면의 변화'를 갈망하고 있지만, 교회는 이에 응답하지 못하고 있다.

이처럼 현대 한국 교회의 영성은 단절의 위기 속에 있으며, 이는 단지 한 시대의 위기가 아니라 복음의 본질과 생명력 자체를 회복할 필요가 있다는 급박한 요청을 담고 있다.

5. 회복의 가능성: 통합 영성과 '신성한 성품' 훈련

이 단절을 극복하기 위해서는, 종교개혁의 정신과 초대교회의 영성으로 돌아가 '성령 안에서의 신적 교제'와 '삶의 전 영역을 통한 하나님과의 동행'을 회복해야 한다. 이는 단순한 신비주의가 아니라, 교리·윤리·실천을 포괄하는 통합적 영성을 지향하는 것이며, 교회의 존재 방식 자체를 새롭게 요청한다.

특히 베드로후서 1장 3~11절에 나타난 "신성한 성품에 참여하라"라는 초대교회의 영성적 명령은, 한국 교회가 단절된 영성의 흐름을 회복하는 중요한 방향성을 제공한다. 믿음, 덕, 지식, 절제, 인내, 경건, 형제 우애, 사랑으로 이어지는 덕의 사다리는 단지 개인의 도덕적 성장을 넘어서, 성령 안에서 하나님을 닮아가는 존재론적 변화를 지향한다.

이러한 '신성한 성품' 훈련은 공동체 중심, 성령 중심, 실천 중심의 통합적 접근을 통해, 오늘의 교회가 잃어버린 영성의 본질을 다시 찾는 데 결정적 실마리를 제공할 것이다.

6. 통합 영성 훈련의 회복 제안

이제 한국 교회는 다음과 같은 전환이 필요하다.

전환 전	전환 후
구원 = 과거 사건 중심	구원 = 현재 훈련의 지속
감정적 회심 중심	인격적 성숙 중심
개인적 경건주의	공동체적 제자도
교리 교육 중심	통합적 영성 훈련 중심

'덕의 사다리'는 이 전환을 위한 도식적 틀과 실천 경로를 제공한다. 베드로후서는 단지 교리적 진술이 아니라 훈련 가능한 영성 커리큘럼의 성경적 모델로 작동할 수 있다.

마무리 요약

한국 개신교는 신앙의 감정, 윤리, 신비, 교리 요소가 분리된 단절 상태에 있다. 베드로후서 1장은 영성의 본질, 구조, 실천 경로를 통합적으로 제공한다. 신의 성품 참여는 구원의 일부이며, 훈련 가능한 덕의 여정을 요구한다. 한국 교회는 '통합 영성 훈련'을 통해 이 단절을 회복하고 성숙한 공동체로 나아갈 수 있다.

7. 통합 영성 훈련의 신학적 재구성

앞서 언급한 문제들을 극복하기 위해 필요한 것은 '통합적 영성'이다. 이것은 단순히 여러 가지 훈련을 병렬적으로 배열하는 것이 아니라, 존재론적 중심축 위에 실천을 조직하는 것을 의미한다. 즉, 모든 영성 훈련은 '신성한 성품에의 참여'라는 목적을 향해 정렬되어야 하며, 그 훈련의 결과는 인격적 덕목과 공동체적 사랑으로 나타나야 한다.

성경 읽기, 묵상, 기도, 금식, 침묵, 봉사, 훈련과 같은 전통적인 영성 실천들은 이제 신학적 구조 위에 재배열되어야 한다. 그것은 ① 존재의 변화(신성한 성품 참여), ② 관계의 회복(공동체 사랑), ③ 삶의 윤리(사랑의 열매)라는 세 축으로 통합될 수 있다.

또한 통합 영성은 신학적 분별과 실천적 훈련 사이의 간극을 줄여야 한다. 오늘날 많은 영성 프로그램은 신학 없이 훈련만을 강조하거나, 반대로 신학만 있고 실천이 결여된 경우가 많다. 이러한 단절은 교회를 지적으로는 채우지만, 삶으로 변화시키지 못한다. 그러므로 영성 교육은 신학과 실천의 통합, 이론과 형성의 통합을 지향해야 한다.

8. 결론: '신성한 성품의 회복'을 향한 영성의 재정의

결론적으로 현대 개신교의 영성 담론은 '신성한 성품에의 참여'라는 성경적 기준 위에서 재정의되어야 한다. 영성은 단지 체험이 아니라, '신성한 성품에의 참여'로서의 존재적 변화이고, 그 변화는 반드시 윤리적 삶과 공동체적 사랑으로 드러나야 한다. 이를 위해 우리는 베드로후서 1장의 교훈을 깊이 새기고, 체험 중심의 영성을 넘어서 존재적 영성으로, 개인주의적 영성을 넘어서 공동체적 윤리로, 외형적 훈련을 넘어서 내면의 변화로 나아가야 한다.

제4장

'덕의 사다리'와 현대적 영성 훈련 모델

1. '신성한 성품'에 이르는 여정: 베드로후서 1장의 8단계

베드로후서 1장 5~7절은 다음과 같은 8단계의 덕목을 '사다리'처럼 제시한다.

"너희 믿음에 덕을, 덕에 지식을, 지식에 절제를, 절제에 인내를, 인내에 경건을, 경건에 형제 우애를, 형제 우애에 사랑을 더하라."

단계	덕목	헬라어	의미
1단계	믿음	πίστις	구원의 출발점이자 전제
2단계	덕	ἀρετή	도덕적 탁월성, 내적 품격
3단계	지식	γνῶσις	실천적 분별력, 하나님과 삶에 대한 통찰
4단계	절제	ἐγκράτεια	자기통제, 감정과 욕망의 훈련
5단계	인내	ὑπομονή	시련 속 지속성, 성숙의 힘
6단계	경건	εὐσέβεια	하나님과의 관계 중심 생활양식
7단계	형제 우애	φιλαδελφία	교회 공동체 내의 사랑과 연대
8단계	사랑	ἀγάπη	조건 없는 사랑, 하나님의 성품 구현

이 순서에는 영성의 구조적 진전이 있다. 믿음으로 시작하여 사랑으로 완성되는 이 여정은 통합적이고 훈련 가능한 과정으로 구성된다.

2. '덕의 사다리'의 개념: 훈련을 위한 적용 모델

'덕의 사다리'는 이 본문을 토대로 구성한 통합 영성 훈련 프레임이다.

핵심 특징
위에서 주어진 은혜의 동기

"그의 신기한 능력으로 생명과 경건에 속한 모든 것을 우리에게 주셨으니…" (벧후 1:3)

인간의 노력 이전에 하나님의 공급이 전제됨
훈련을 통한 능동적 참여

"너희가 더욱 힘써 너희 믿음에…" (1:5)

은혜에 협력하는 의지적 훈련 과정 필요
덕의 계단을 오르듯 단계적으로 성장
이론적 분절이 아닌 실제 훈련에서 경험하는 통합적 질서 제공

도식화

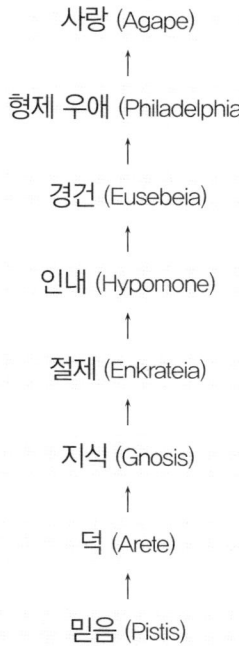

이 사다리는 거룩함으로 오르는 영적 여정이며, 각 계단은 전 계단에 대한 훈련된 실천과 내면화를 전제한다.

3. 각 단계의 훈련 목표와 실제

단계	훈련 목표	실제 훈련 예
믿음	구원의 은혜에 대한 신뢰와 확신	말씀 묵상, 구원 간증 쓰기
덕	품위 있고 정직한 삶	감사 일기, 윤리적 선택 훈련
지식	하나님과 자기 이해의 확장	통독, 신학적 독서 그룹
절제	욕망의 조절과 훈련	식습관 절제, SNS 사용 조절
인내	고난 속에서 소망 지키기	침묵 훈련, 피드백 수용

경건	하나님 중심의 일상화	규칙적 기도, 안식일 실천
형제 우애	교회 내 관계적 성숙	공동체 사역, 중보기도
사랑	자기초월적 사랑의 실천	용서, 선행, 적대자 축복

4. 영성 훈련의 실제 적용: 교회와 공동체에서의 활용

10주 훈련 프로그램으로 구성 가능

각주마다 한 덕목을 집중 훈련

소그룹 기반 훈련 가능

각 단계에 따라 나눔 질문, 실천 과제 구성

삶의 실재와 연결된 적용 유도

기존 제자훈련 프로그램과의 연동

QT 훈련, 중보기도, 말씀 나눔 등과 연결

단순 교리 교육을 넘어 '신적 성품' 중심의 내면 변화에 초점

5. 마무리 요약

베드로후서 1장의 '덕의 사다리'는 통합적 영성 훈련의 신학적 모델이자 실천 도구다.

'덕의 사다리'는 성령의 은혜와 인간의 훈련이 협력하는 영성 성장의 여정이다. 믿음에서 시작해 사랑으로 완성되는 이 훈련은 개인과 공동체 모두에 적용 가능하다.

제5장

영성 훈련의 신학적 정립
-신성한 성품과 성령의 역할

1. '신성한 성품' 훈련의 신학적 기초

베드로후서 1장 3~11절은 영성 훈련의 신학적 토대를 제공한다. 본문은 "신성한 성품에 참여하는 자가 되게 하려 하셨느니라"(1:4)는 선언으로, 그리스도인의 성숙이 단순한 도덕적 훈련이 아니라 '신성한 성품'(하나님의 본성[theia physis])에의 참여라는 존재론적 전환임을 보여준다.

이는 신학적으로 두 가지 축을 갖는다.

삼위일체적 기반: 성부 하나님의 부르심, 성자 예수 그리스도를 통한 구속, 성령의 내주와 변화 사역이 유기적으로 연결된다.

형상 회복의 관점: 창세기 1장에서 인간은 하나님의 형상(Imago Dei)으로 창조되었으나, 죄로 인해 그 형상이 손상되었다. 신성한 성품에의 참여는 곧 예수 그리스도의 형상을 닮아가는 구속사의 목표이다(롬 8:29).

따라서 영성 훈련은 단순한 경건 활동이 아니라, 하나님과의 연합에 기반한 존재의 성화 과정이다.

2. 성령의 사역과 내적 변화

성령은 영성 훈련에서 단순한 조력자가 아니라 주체적인 인격적 동행자다. 갈라디아서 5장 22~23절의 성령의 열매는, 베드로후서의 '신성한 성품'과 유사한 덕목으로 구성되어 있으며, 이는 성령 안에서 맺히는 성품의 열매다.

성령의 역할은 다음과 같이 요약된다.

새 사람으로의 변형(transformation): 고린도후서 3장 18절은 "우리가 다 수건을 벗은 얼굴로 거울을 보는 것 같이 주의 영광을 보매 그와 같은 형상으로 변화하여 영광에서 영광에 이르니 곧 주의 영으로 말미암음이니라"고 말한다. 이는 성령이 주도하는 존재의 변화이다.

말씀을 통한 조명과 적용: 성령은 말씀을 살아 있는 진리로 조명해서, 영성 훈련이 지식의 축적에 머무르지 않고 삶의 적용으로 이어지게 한다.

기도 가운데의 교통: 로마서 8장 26~27절에 따르면 성령은 우리의 연약함을 도우시며 말할 수 없는 탄식으로 기도함으로, 훈련은 언제나 기도와 의존 속에서 이루어진다.

공동체 안에서의 성숙: 성령은 개인에게만 일하지 않는다. 성령의 은사와 열매는 교회 공동체를 통해 상호 작용하며 성장하도록 설계되어 있다.

결론적으로 성령은 영성 훈련의 시작, 진행, 완성을 아우르는 총체적 주체다.

3. 신성한 성품: 덕목의 체계성과 영성의 방향성

베드로후서 1장에 제시된 8가지 덕목은 우연한 나열이 아니라, 영적 성숙의 단계를 구조화하는 중요한 통찰을 제공한다.

믿음 (pistis): 하나님과의 관계의 출발점이자 영성의 토대.
덕 (aretē): 윤리적 탁월성, 하나님을 닮은 행동 양식.
지식 (gnōsis): 하나님의 뜻에 대한 인식과 분별.
절제 (enkrateia): 감정과 욕망을 제어하는 자기 통제.
인내 (hypomonē): 고난 속에서 흔들리지 않는 지속성.
경건 (eusebeia): 하나님에 대한 경외와 삶의 일관성.
형제 우애 (philadelphia): 공동체 내에서의 사랑 실천.
사랑 (agapē): 하나님의 사랑을 닮은 자기희생적 삶.

이 체계는 개인적·공동체적 영성이 균형을 이루는 과정을 보여준다. 영성 훈련의 목표는 이 덕목들을 '체험적 지식'으로 체득하는 것이며, 이는 성령의 역사 없이는 불가능하다.

4. 성화와 영성 훈련의 관계

영성 훈련은 개신교 전통에서 성화, 즉 그리스도인의 삶 속에서의 지속적인 거룩함의 추구와 직결된다. 이 성화의 개념은 루터교, 개혁파, 감리교 전통 모두에 핵심적으로 존재하되, 각기 다른 강조점을 지닌다.

루터

루터는 구원을 오직 믿음으로(sola fide) 받는다는 점을 강조했으며, 성화를 '이신칭의'의 열매로 보았다. 그는 성화를 인간의 공로가 아니라, 하나님께서 성령을 통해 신자 안에서 일으키시는 하나님의 사역으로 이해했다. 루터는 믿음이 참된 것이라면 반드시 선한 삶으로 이어진다고 보았으며, 영성 훈련은 믿음으로 시작된 성화의 실천적 응답이다.

칼빈

칼빈은 성화를 하나님의 형상을 회복하는 과정으로 보았다. 그는 '경건'이라는 개념을 강조하면서, 경건은 하나님에 대한 경외심과 삶의 전 영역에서의 순종을 포함한다고 설명했다. 그는 이 경건을 통해 성화가 성령 안에서 실현된다고 보았다. 칼빈에 의하면, 성령은 신자에게 단순히 능력을 부여할 뿐 아니라, 그리스도의 형상을 따라 점진적으로 변화시키는 주체다.

웨슬리

웨슬리는 개신교 전통에서 가장 성화의 실천성과 목표 지향성을 강조한 인물이다. 그는 성화를 단순한 점진적 변화로만 보지 않고, 완전성화(perfection in love)라는 이상적인 목표를 주장했다. 그의 성화론은 다음의 특징을 갖는다.

전적 헌신과 사랑의 성화: 웨슬리는 성화를 "하나님과 이웃을 향한 완전한 사랑"으로 정의하며, 하나님 사랑과 이웃 사랑의 실현이 영성 훈련의 핵심이라고 보았다.

은혜 안의 성장: 성화는 회개와 신앙을 반복하면서 점진적으로 성장해 가는 과정이며, 성령의 도우심 없이는 불가능하다.

영성 훈련의 일상화: 은혜의 수단으로서의 '경건의 수단'과 '자비의 수단'

웨슬리는 성화와 영성 훈련의 실천을 구체화하기 위해 하나님의 은혜를 받는 주요한 통로로서 '은혜의 수단(means of grace)'을 강조했다. 그러나 이 개념은 단지 예배, 기도, 말씀 같은 개인적 경건의 영역에만 머무르지 않으며, 타인을 향한 자비와 실천적 사랑까지를 포함한다.

웨슬리는 크게 두 가지 유형의 은혜의 수단을 강조했다.

1) 경건의 수단 (Works of Piety)

개인과 공동체가 하나님과의 관계 안에서 영적으로 성장하기 위해 실천하는 훈련이다.

- 개인기도, 묵상
- 성경 읽기
- 금식
- 예배
- 성찬 참여
- 소그룹(Class Meeting)에서의 고백과 격려 등

2) 자비의 수단 (Works of Mercy)

하나님의 사랑을 받은 자로서 그 사랑을 이웃에게 실천하는 구체적인 행위다.

- 가난한 자를 돌봄

- 병든 자를 방문
- 죄수를 위로함
- 고통받는 자에게 위로와 실제적 도움을 제공함
- 사회 정의와 긍휼의 실현을 위한 행동 참여 등

웨슬리는 이 두 가지를 절대 분리하지 않았으며, 실제로 자비의 수단을 무시하거나 경시하는 신앙을 '비실천적 경건'이라고 비판했다. 즉, 영성 훈련은 하나님을 향한 경건과 이웃을 향한 자비의 이중 축 안에서 균형 있게 이루어져야 하며, 그것이 바로 성화를 이루는 실제적 삶의 방식이라는 것이다.

공동체적 경건: 웨슬리는 개인 영성과 함께 소그룹(밴드 회집)과 속회(Class Meeting)를 통한 공동체적 훈련을 강조하여, 성령 안에서 서로를 향한 책임 있는 삶이 성화의 일환임을 강조했다.

통합적 관점: 성화는 훈련의 목표이자 방식

이 세 전통은 강조점은 다르지만, 모두 성화를 성령의 역사 안에서 이루어지는 거룩한 변화로 보고 있다. 이에 따라 영성 훈련은 단지 외적 경건 활동을 넘어, 다음의 방향으로 나아가야 한다.

존재의 변형: 성화는 단순한 행동 변화가 아니라 존재 자체가 하나님의 형상으로 회복되는 일이다.

사랑의 완성: 성령은 우리를 이끌어 하나님과 이웃을 향한 사랑의 삶으로 나아가게 하신다.

훈련의 수단으로서의 은혜: 기도, 말씀 묵상, 공동체 나눔은 단순한 신앙 활동이 아니라, 성화를 이루는 하나님 은혜의 수단들이다.

결론

루터는 성화를 믿음의 자연스러운 열매로, 칼빈은 경건한 삶의 실천으로, 웨슬리는 사랑을 완성된 성화로 보았다. 이 세 전통의 통찰은 오늘날 영성 훈련이 단순한 자기계발이 아니라, 성령 안에서 이루어지는 하나님의 형상 회복 운동임을 명확히 보여준다.

이러한 신학적 정립은 현대 교회의 영성 훈련이 신성한 성품에의 참여라는 성경적 목표와 일치하는지를 진단하고 재구조화하는 데 중요한 기준이 된다.

5. 신학과 실천의 통합을 위한 제언

신학적 교육과 훈련 프로그램의 통합: 성경 공부와 제자훈련, 영성 훈련이 단절된 구조가 아니라, '신성한 성품'이라는 명확한 신학적 틀 아래 통합되어야 한다.

경건의 형식보다 내적 변화에 집중: 활동 중심의 신앙에서 벗어나, 하나님과의 살아 있는 교제와 내면 변화에 초점을 맞추어야 한다.

성령과의 지속적 관계 형성: 훈련은 성령을 대상으로 하는 것이 아니라, 성령과의 동행 가운데 이루어져야 한다. 이는 기도, 묵상, 침묵, 회개 등의 고전적 영성 훈련과도 연결된다.

6. 결론

영성 훈련은 '더 나은 신자가 되기 위한 노력'이 아니라, 하나님의 형상으로 다시 빚어지는 거룩한 동행의 여정이다. 이 여정에서 성령은 내면을 새롭게 하시는 생명의 주체이며, 신성한 성품은 그 여정의 구체적 방향이자 목표이다.

　오늘날의 교회가 이 신학적 통찰을 바탕으로 영성 훈련을 재구조화할 때, 단절된 영성의 회복과 더불어 '진정한 그리스도인의 삶'이 다시 빛날 수 있을 것이다.

제6장

영성 훈련과 삶의 통합
-교회와 사회에서의 적용

1. 영성과 삶의 통전성

이 부분에서는 이원론적 신앙 태도(경건 생활과 일상생활을 분리하는 경향)를 비판하고, 영성 훈련이 삶 전체에 어떤 방식으로 영향을 미쳐야 하는지를 제시한다.

통전적 삶: 주일의 예배와 월요일의 직장이 단절되어 있는 것이 아니라, 예배가 삶의 동력을 제공하며, 일상은 그 예배의 연장이 된다.

현대인의 분열된 삶 치유: 신앙, 직업, 가족, 사회 참여를 분리하는 삶의 구조 안에서, 영성 훈련은 이 분열을 극복하고 하나님 앞에서 일관된 삶을 살도록 돕는다.

2. 교회 공동체 안에서의 실천

영성 훈련은 개인적인 변화에 그치지 않고 공동체 안에서의 봉사와 나눔으로 드러나야 한다.

사역으로의 연결: 훈련을 통해 길러진 '신성한 성품'(예: 인내, 절제, 사랑)은 교회의 다양한 사역(예: 교사, 찬양팀, 환대팀, 구제팀 등) 속에서 실천될 수 있다.

소그룹의 역할: 공동체 속 훈련은 소그룹 안에서의 나눔, 권면, 실천 다짐을 통해 강화되며, 신뢰 공동체 안에서 성장을 가능하게 한다.

공동체 윤리: 성령의 열매로 맺어지는 덕목들은 교회 내 갈등 해결, 용서, 협력, 섬김을 가능하게 하고, 교회가 세상의 대안 공동체로 존재할 수 있게 한다.

3. 일상에서의 영성 실천

영성 훈련의 결과는 직장, 가정, 관계, 소비, 언어, 감정 등 삶의 구체적인 자리에서 시험받고 실현된다.

직업 소명: 각자의 직업 안에서 하나님 나라를 구현하는 삶을 살아가도록 부름받았다. 정직함, 성실함, 이웃 사랑의 자세는 훈련의 실제 열매다.

가정에서의 실천: 영성 훈련은 배우자와 자녀를 대하는 태도, 가정에서의 갈등 해결 방식, 말과 감정의 표현 등 일상에서 더욱 뚜렷이 나타나야 한다.

소비와 시간 사용: 자신의 자원(시간, 돈, 관심)의 사용 방식이 신성한 성품과 조화를 이루는가를 성찰하게 한다.

4. 사회적 책임과 참여

훈련된 영성은 사회 속 정의, 평화, 화해, 환경 보호 등의 책임을 감당하는 데까지 확장된다.

예언자적 영성: 사회의 불의에 대해 침묵하지 않고, 복음의 진리 안에서 목소리를 내는 공적 기독교인의 태도가 요구된다.

약자와의 연대: 예수의 삶이 그러했듯, 영성 훈련을 받은 그리스도인은 고통받는 자 곁에 서는 연대의 영성을 실천해야 한다.

환경과 창조 세계에 대한 책임: 생태적 회복과 창조 질서의 보존은 영성 훈련의 확장된 영역이다.

5. 마무리: 통합된 영성, 살아 있는 제자도

이 장은 훈련이 끝나고 나서야 비로소 훈련의 진정한 결과가 드러남을 강조한다.

진정한 영성 훈련은 교회 안의 예배와 삶 밖의 사회가 하나로 통합되는 과정이며, 하나님 나라의 가치를 세상 가운데 구현하려는 구체적인 제자도의 여정이다.

제7장

통합적 영성 훈련과 사명 중심 영성

1. 영성 훈련의 최종 목적: '거룩한 삶'에서 '보냄 받은 삶'으로

통합 영성 훈련은 단순한 덕목의 내면화나 개인적 경건 생활의 증진에 머물지 않는다. 베드로후서 1장 4~7절이 제시하는 '덕목의 사다리'는 궁극적으로 '예수 그리스도를 아는 지식'(8절)과 '열매 맺는 삶'으로 나아가게 한다. 성경이 말하는 영성은 '거룩'과 '사명'의 두 축으로 형성되며, 이 둘은 분리될 수 없다. 하나님께 가까이 나아간 사람은 반드시 세상 속으로 다시 파송되기 때문이다. 이러한 의미에서 사명 중심의 영성은 통합 영성의 결론이자 열매이다.

2. 사명 중심 영성의 네 가지 핵심 영역

일상의 삶에서 사명 감당하기

영성은 특정한 종교 활동에 국한되지 않는다. 하나님의 임재는 가정, 직장, 사회, 교회 등 일상 모든 영역에 스며든다. 따라서 통합 영성 훈련은 일상에서 하나님의 뜻을 분별하고, 각자의 삶의 자리에서 사명을 감당하도록 돕는다.

직업적 소명과 영성

통합 영성은 '직업'과 '소명'을 연결한다. 단순히 돈을 버는 수단이 아닌, 하나님께 부름 받은 자리로서 자신의 직업을 이해하고, 그곳에서 이웃을 섬기며 하나님 나라를 구현하는 삶을 살아야 한다.

사회적 책임과 정의

성경적 영성은 정의롭지 않은 세상에 대해 침묵하지 않는다. 사회적 약자에 대한 연대, 정의와 공의의 실현, 창조 세계의 돌봄 등은 성숙한 영성이 드러나는 구체적 열매들이다. 통합 영성은 이웃 사랑을 구체적인 실천으로 이끌어간다.

복음 증거와 선교적 삶

통합 영성은 복음을 말로만 전하는 전도가 아니라, 삶 전체로 그리스도를 드러내는 '선교적 존재'로의 부르심이다. 삶의 방식, 가치관, 관계 속에서 복음을 보여주는 것이며, 이것이 가장 강력한 전도의 방식이다.

3. 공동체와 사명 중심 영성

사명 중심의 삶은 혼자 이룰 수 없다. 사명을 향한 여정은 반드시 공동체와 더불어 걸어야 한다. 교회 공동체는 영적 성장의 토양이며, 동시에 함께 세상 속으로 나아가는 '선교 공동체'여야 한다. 통합 영성 훈련은 각자의 부르심을 공동체 안에서 확인하고, 서로를 격려하며 사명을 향해 나아가도록 돕는다.

4. 통합 영성과 사명 영성의 통전적 결합

'통합 영성'과 '사명 중심 영성'은 서로 다른 두 가지가 아니라 하나의 유기체적 구조를 이룬다. 앞선 훈련의 여정을 통해 내면의 성숙과 관계적 회복, 실천적 헌신을 이룬 사람은 자연스럽게 '세상 속의 제자'로서 사명을 감당하게 된다. 따라서 이 장은 전체 훈련의 마지막 정점이자 새로운 시작점이다.

제2부

실제 편

제1장

통합 영성 훈련 커리큘럼
−신성한 성품으로의 여정

영성은 단지 내면의 정서적 고양이나 개인적 체험에 머무르지 않고, 삶의 총체적 변화와 공동체적 성숙으로 나아가야 한다. 그러므로 본 장에서는 '신성한 성품'이라는 영성의 핵심 목표를 실제로 훈련하고 체화할 수 있도록 고안된 통합 영성 훈련 커리큘럼의 개요와 구체적인 실행 방안을 제시하고자 한다.

1. 통합 영성의 원리: 신성한 성품으로의 부르심

앞선 장들에서 살펴보았듯이, 베드로후서 1장 4~7절은 신성한 성품에 참여하는 것이 하나님 부르심의 핵심이며, 이것이 곧 그리스도인의 영성 훈련의 목적이라는 점을 명확히 밝히고 있다. 이에 따라 우리는 '신성한 성품'이라는 목표를 중심으로, 영성 훈련의 이론과 실제가 분리되지 않도록 삼중 통합의 원리를 바탕으로 커리큘럼을 설계하였다. 이 통합 원리는 다음과 같다.

신학과 실천의 통합: 훈련은 성경적 기초와 신학적 통찰 위에 서며, 동시에 일상의 실천으로 연결되어야 한다.

개인과 공동체의 통합: 영성은 개인의 내면 형성에 머무르지 않고 공동체 안에서의 삶으로 확장되어야 한다.

머리, 손, 가슴의 통합: 지적 이해, 실천 행동, 영적 감수성이 통합적으로 자라가야 한다.

이 원리는 이후 훈련 전체의 구조와 방법을 아우르는 신학적 토대가 된다.

2. 훈련 개요: 삼중 축

통합 영성 훈련 커리큘럼은 다음의 세 축을 중심으로 구성된다. 이 세 축은 신성한 성품의 형성이라는 목표를 이루기 위한 필수적 균형을 나타낸다.

말씀 중심의 신학적 기반

각 훈련 주제는 성경 본문과 영성 신학의 정수를 통해 성경적·신학적으로 조명되며, 교재와 강의, 독서 등을 통해 지적인 틀을 제공한다. 이는 영적 삶이 맹목적인 감정이나 체험 중심이 아닌, 말씀과 교리 위에 뿌리내리도록 돕는다.

삶과 일상의 실천

각 주간의 훈련은 실생활 속에서의 구체적 실천 과제를 동반한다.

여기에는 시간 관리, 언어 습관, 대인관계, 재정 사용, 감정 조절, 봉사, 용서 등 다양한 영역이 포함되며, 일상 전체를 영성 훈련의 장으로 전환시키는 것이 목표다.

공동체적 점검과 상호 성장

훈련은 결코 개인주의적으로 이루어지지 않는다. 각 주간의 과제는 소그룹 안에서 함께 나누고 피드백을 받으며, 서로의 성장을 위한 기도와 동행을 통해 공동체적 성숙으로 나아간다. 이는 초기 교회 공동체의 영성 전통과도 일치한다.

3. 훈련 단계: 세 단계 구조

기초 훈련은 총 10주 과정으로 설계되며, 다음 세 단계로 구성된다.

서론: 소명과 정체성 회복 (1주)

훈련 초반에는 참가자들이 자신이 하나님의 형상대로 창조되었고, 신성한 성품에 이르도록 부름을 받았다는 영적 소명을 회복하는 데 집중한다. 여기서는 "영성이란 무엇인가?", "왜 신성한 성품인가?"에 대한 신학적 성찰이 제공되며, 참가자들은 자신의 영적 상태를 점검하고 새 출발을 결단하게 된다.

본론: 덕의 사다리를 따라가는 여정 (8주)

본 과정은 베드로후서 1장 5~7절에 나오는 '덕의 사다리'를 기반으로, 매주 한 가지 덕목을 중심으로 훈련이 진행된다. 다음의 여덟 가지 덕목이 주간 주제가 된다.

믿음 → 덕 → 지식 → 절제 → 인내 → 경건 → 형제우애 → 사랑

각 덕목은 주중 묵상 본문, 소그룹 나눔 질문, 실천 과제, 공동체 적용 등과 연계되어 전인적 변화를 추구하도록 구성된다.

결론: 성찰과 파송 (1주)
마지막 단계는 훈련의 전체 흐름을 돌아보며, 변화된 삶을 지속하는 방식에 대해 고민한다. 개인별 간증, 삶의 언약서 작성, 공동체 파송 예배 등을 통해 훈련은 삶으로 이어지는 성숙의 길로 연결된다.

4. 훈련 방법: 사다리 모델과 통합 실행 방식

본 훈련은 '덕의 사다리 모델'을 근간으로 삼아, 각 주제별로 지적 학습 → 실천 훈련 → 공동체 점검의 삼중 구조로 진행된다. 이 방식은 훈련자가 자신의 영적 상태를 객관화하고, 성령의 도우심을 의지하며 실질적인 변화를 추구할 수 있도록 돕는다.

지적 학습: 각 덕목에 대한 신학적 배경, 성경적 의미, 역사적 해석 등을 배운다. 짧은 강의 영상, 독서, 묵상 자료를 활용하며, 영성 형성을 위한 사고의 틀을 제공한다.

실천 훈련: 매주 덕목에 맞춘 '작은 실천'을 제시하여, 실제 삶에서의 적용을 독려한다. 예컨대 '절제' 주간에는 식습관이나 SNS 사용 절제를, '형제 우애' 주간에는 용서를 실천하거나 감사 메시지를 보내는 실천을 포함할 수 있다.

공동체 점검: 주간 소그룹 모임에서 실천 결과를 나누고, 서로 피드백하며 기도한다. 이 과정은 영성 훈련의 핵심인 '함께 성장하는 공동체 영성'을 가능케 한다.

이러한 방식은 단지 개별적 훈련이 아닌, 공동체 안에서 하나님 나라 백성으로 함께 성숙해 가는 훈련임을 강조한다.

5. 훈련의 도구와 내용

훈련의 실질적인 진행을 위해 다음과 같은 도구와 자료들이 활용된다.

참가자 워크북: 매주 주제에 따라 구성된 말씀 묵상, 실천 과제, 점검표, 자기 성찰 질문 등을 포함하며, 개인의 훈련 경로를 정리할 수 있도록 구성된다.

소그룹 리더 가이드북: 각 주제의 신학적 배경, 소그룹 인도법, 질문의 의도, 기도 제목 등을 담고 있어 리더가 효과적으로 영적 대화를 이끌 수 있도록 돕는다.

묵상 자료와 예배 콘텐츠: 말씀 중심의 하루 5분 묵상 자료, 찬송가와 기도문 등의 영적 자료를 통해 훈련 전후로 예배적 분위기를 형성한다.

온라인 지원 시스템(선택 사항): 일일 묵상 알림, 실천 인증, 피드백 공유 기능 등을 통해 훈련의 지속성과 참여도를 높인다.

이처럼 제1장은 통합 영성의 원리와 실제를 '덕의 사다리'라는 신학적 구도를 바탕으로 구체화한 커리큘럼이다.

제2장

베드로후서 1장 4~7절에 기초한 '신성한 성품으로의 여정'을 위한 10주 훈련 자료 개요

1. 전체 구성

주차	주제	핵심 본문	주요 덕목
1주	오리엔테이션	벧후 1:3~11	훈련 개요 및 여정 소개
2주	믿음	히 11:1~6	믿음
3주	덕	빌 4:8~9	덕
4주	지식	골 1:9~10	지식
5주	절제	고전 9:24~27	절제
6주	인내	롬 5:3~5	인내
7주	경건	딤전 4:7~8	경건
8주	형제 우애	롬 12:9~13	형제 우애
9주	사랑	고전 13:1~13	사랑
10주	종합 및 헌신	벧후 1:10~11	여정 회고 및 사명 선언

2. 훈련 개요 및 안내

기간: 10주 과정

훈련 구조: 매주 1개의 덕목을 중심으로 한 3단계 훈련

지적 이해 → 실천 적용 → 공동체 나눔

개인과 공동체의 통합적 성장 강조

개인 기록 공간 포함

3. 훈련 실행 가이드

운영 방식: 10주 동안 주 1회 모임

인도자 1명 + 조원 6~8명 이상 추천

훈련 전 매주 인도자 예비 모임(30분 권장)

준비 사항: 사전 훈련자 등록 및 자기 진단(부록 평가 도구)

훈련 참여자 워크북 인쇄

훈련 시작 전 전체 오리엔테이션

각 주차 인도자 요약 가이드

핵심 메시지 요약

묵상 본문 관련 신학적 주해

주요 실천 강조 포인트

공동체 나눔 리드 질문 예시

기도/ 중보 포인트

부록 (매뉴얼용)

덕목별 신학 해설 요약집(주해 형식)

인도자 자가 점검표

그룹 다이나믹 조정법 (갈등, 침묵, 분산 방지법)

공동체 피드백 수렴 양식

이후 활용 방향

심화 영성 수련회 또는 2단계 과정 연계 가능

지역 공동체 지도자 양성 교육 자료로 사용 가능

부록 (매뉴얼용) 상세 설명

1. 덕목별 신학 해설 요약집(주해 형식)

목적: 각 훈련 주제(덕목)에 대한 신학적 이해 제공

구성 방식: 성경 본문 해설

　　　　　　신학적 의미

　　　　　　역사적 영성 전통

　　　　　　현대적 적용 포인트

1) 믿음 (Faith)

(1) 성경 본문 해설 - 히브리서 11:1

"믿음은 바라는 것들의 실상이요 보이지 않는 것들의 증거니…"

히브리서 기자는 믿음을 단지 추상적 신념이 아닌, '실상(ὑπόστασις, 실체)'과 '증거(ἔλεγχος, 확신)'로 정의합니다. 이는 신앙이 감정적 확신이나 윤리적 충동이 아니라, 하나님과의 언약적 신뢰 관계임을 보여줍니다.

(2) 신학적 의미

믿음은 하나님의 계시와 약속에 대한 전인격적 신뢰입니다. 종교개혁자 루터는 "의인은 믿음으로 말미암아 살리라"(롬 1:17)는 구절을 통해 의롭다 하심의 수단으로서 믿음을 강조했습니다. 개혁 신학은 믿음을 지적 수긍, 정서적 동의, 의지적 신뢰로 구성된 삼중 구조로 보았습니다.

(3) 역사적 영성 전통

어거스틴은 믿음을 사랑의 기초로 보았습니다("나는 믿으려고 이해한다").

토마스 아퀴나스는 믿음을 신적 계시에 대한 지성의 동의로 보되, 은혜로 조명된 이성의 활동으로 해석했습니다.

웨슬리는 믿음을 회심과 성화의 시작점이자 끊임없는 신뢰의 관계로 보았습니다.

(4) 현대적 적용 포인트

현대의 불확실성 속에서 믿음은 '정보'가 아닌 '관계'로 재정의되어야 합니다.

믿음은 예배와 기도, 공동체 안에서 지속적으로 양육되는 습관이어야 합니다.

정신건강적 측면에서 믿음은 의존과 자유, 불안과 신뢰 사이의 역동성을 조율하는 영적 자원입니다.

2) 덕 (Virtue)

(1) 성경 본문 해설 - 베드로후서 1:5

"그러므로 너희가 더욱 힘써 너희 믿음에 덕을 공급하고…"

여기서 '덕(ἀρετή, aretē)'은 탁월함, 도덕적 품성을 의미합니다. 헬라 철학에서 유래한 단어지만, 신약은 이 덕을 하나님으로부터 주어지는 선한 본성의 표현으로 전환합니다.

(2) 신학적 의미

덕은 성화의 구체적 성품 표현입니다. 하나님을 닮아감(imitatio Dei)의 열매로서 덕은 인간의 힘만으로 얻는 것이 아니라, 성령의 열매로서 주어지는 성품의 완성입니다. 개혁 전통은 성화와 덕을 분리하지 않고, 은혜에 응답하는 신자의 실천적 삶으로 이해합니다.

(3) 역사적 영성 전통

사막 교부들은 덕을 훈련과 자기 절제의 결과로 보았습니다.

그레고리오스 대제는 덕을 영혼의 질서로 묘사하며, 일곱 가지 주요 덕(신앙, 소망, 사랑, 지혜 등)을 강조했습니다.

웨슬리는 덕을 은혜의 수단을 통해 길러지는 인격적 열매로 보며, 외적 행위와 내적 태도의 통합을 강조했습니다.

(4) 현대적 적용 포인트

교육과 직장, 일상의 선택에서 덕 있는 판단과 실천은 기독교 윤리의 핵심입니다.

덕은 순간의 결단이 아니라 꾸준한 훈련의 결과로 이해되어야 하며, 공동체 안에서 강화되는 성품입니다.

SNS 시대의 자극적 표현을 넘어서, 품위와 신중함, 정직함이라는 덕의 가치를 회복할 필요가 있습니다.

3) 지식 (Knowledge)

(1) 성경 본문 해설

대표 본문: 골로새서 1장 10절 "하나님을 아는 것에 자라가고"

참된 지식은 하나님을 아는 인격적 관계에서 나옵니다.

(2) 신학적 의미

신학은 신앙을 이해하기 위한 지적 도구이며, 지식은 하나님을 사랑하기 위한 수단입니다. 머리와 마음의 통합이 중요합니다.

(3) 역사적 영성 전통

아퀴나스는 신앙과 이성의 조화를 강조했고, 개신교 전통에서는 성경 지식을 삶에 연결시키는 실천적 지혜를 중시했습니다.

(4) 현대적 적용 포인트

정보의 홍수 속에서 분별력 있는 지식이 필요합니다. 신앙 교육과 성경 읽기를 통해 하나님의 뜻을 실천적으로 이해해야 합니다.

4) 절제 (Self-control)

(1) 성경 본문 해설

대표 본문: 갈라디아서 5장 23절 "절제는 성령의 열매"

절제는 성령 안에서 자신을 조율하는 능력입니다.

(2) 신학적 의미

절제는 단순한 자기관리 능력이 아니라, 내면의 질서와 성령의 통제 아래 사는 삶입니다.

(3) 역사적 영성 전통

금식과 고요함, 묵상은 절제를 훈련하는 주요한 전통입니다. 수도원 운동은 절제를 '자기 부인의 덕'으로 이해했습니다.

(4) 현대적 적용 포인트

디지털 시대의 중독, 소비주의를 극복하기 위해 절제는 핵심 덕목입니다. 자원, 시간, 감정의 절제가 신앙인의 실천입니다.

5) 인내 (Perseverance)

(1) 성경 본문 해설

대표 본문: 로마서 5장 3~4절 "환난은 인내를, 인내는 연단을…"
인내는 시련을 통해 신앙이 깊어지는 훈련의 과정입니다.

(2) 신학적 의미

인내는 고난 중에도 하나님의 섭리를 신뢰하는 태도입니다. 종말론적 희망 안에서 견디는 믿음의 능력입니다.

(3) 역사적 영성 전통

순교자들의 신앙, 초기 교부들의 고난 견디기는 인내의 상징입니다. 요한 크리소스톰은 "인내는 최고의 영적 무기"라 했습니다.

(4) 현대적 적용 포인트

정신적 스트레스가 많은 사회에서 인내는 신앙인의 '회복탄력성'입니다. 감정 관리와 희망 유지가 중요한 훈련 영역입니다.

6) 경건 (Godliness)

(1) 성경 본문 해설

대표 본문: 디모데전서 4장 7절 "경건에 이르도록 연습하라"
경건은 외적 예배 행위뿐 아니라 내면의 하나님 중심성입니다.

(2) 신학적 의미

경건은 '하나님 앞에서의 삶'을 의미합니다. 말씀, 기도, 예배를 통해 삶 전체가 하나님의 임재로 가득 찹니다.

(3) 역사적 영성 전통

경건주의(Pietism) 운동은 개인의 신앙과 회심, 성경 묵상을 강조했습니다. 청교도들도 '전 삶의 경건'을 실천했습니다.

(4) 현대적 적용 포인트

경건은 '주일 신자'가 아닌 '전일 신자'를 만드는 덕목입니다. 일상 속에서도 하나님 앞에 있는 의식을 갖는 훈련이 중요합니다.

7) 형제 우애 (Brotherly Kindness)

(1) 성경 본문 해설

대표 본문: 로마서 12장 10절 "형제를 사랑하여 서로 우애하고…"
형제 우애는 교회 공동체 안에서 실천되는 친밀한 사랑입니다.

(2) 신학적 의미

하나님의 가족됨을 경험하는 실천적 형태입니다. 교회 공동체는 '형제됨'을 통해 하나님의 나라를 구현합니다.

(3) 역사적 영성 전통

초대 교회는 공동체 중심의 돌봄과 나눔으로 세상에 빛이 되었습니다. 존 웨슬리의 소그룹(클래스 모임)은 우애의 대표 사례입니다.

(4) 현대적 적용 포인트

단절의 시대에 교회는 신뢰와 돌봄의 공동체가 되어야 합니다. 경청, 격려, 실천적 돌봄이 형제 우애의 표현입니다.

8) 사랑 (Agapē)

(1) 성경 본문 해설

대표 본문: 고린도전서 13장 "사랑은 오래 참고… 사랑은 언제까지나 떨어지지 아니하나니"

아가페는 자기희생적이고 조건 없는 하나님의 사랑입니다.

(2) 신학적 의미

아가페는 하나님의 본질이자 성도의 최종 목표입니다. 사랑은 모든 덕목을 묶는 완성의 띠입니다(골 3:14).

(3) 역사적 영성 전통

어거스틴은 "사랑하라, 그리고 그대가 원하는 대로 하라"고 했고, 프란치스코는 가장 낮은 자에게 사랑을 실천했습니다.

(4) 현대적 적용 포인트

사랑은 관계 회복, 이웃 섬김, 용서와 환대의 실천입니다. 사회적 갈등 속에서 아가페적 삶은 신자의 정체성을 드러냅니다.

2. 인도자 자가 점검표

목적: 인도자가 매주 스스로 준비 상태를 점검하고, 훈련의 흐름을 관리할 수 있도록 함

형식: 체크리스트 (매주 사용)

예시 항목:

항목	질문
말씀 준비	이번 주 훈련 주제에 대한 성경 말씀을 충분히 묵상했는가?
공동체 이해	조원들의 지난주 실천 내용과 고민을 파악하고 있는가?
기도 준비	조원 한 사람 한 사람을 위해 기도했는가?
실천 점검	훈련 목표에 맞는 실천 과제를 강조할 준비가 되었는가?

활용 방식: 개인 점검 또는 동료 리더 간 상호 점검 도구로 사용

3. 그룹 다이나믹 조정 가이드

목적: 소그룹 내에서 발생할 수 있는 어려움을 예방하고, 공동체 분위기를 건강하게 유지하기 위한 실제적 가이드

문제 유형별 대응법 제시:

상황	제안된 리더 반응
침묵이 길어지는 경우	"지금 마음에 떠오르는 단어 하나만 나눠볼까요?"
한 사람이 대화를 독점하는 경우	"○○님의 의견도 소중하지만 다른 분 이야기도 들어볼게요."
갈등이 발생한 경우	개인 면담을 통해 조율하고, 공동체 규칙 재확인
참여도가 낮은 구성원이 있는 경우	1:1 관계적 접근 또는 소그룹 내 역할 배분 (서기, 중보 담당 등) 활용

추가 자료: 소그룹 대화 기술, 적극적 경청법, 피드백 대화 모델

4. 공동체 피드백 수렴 양식

목적: 훈련 후 참여자들의 피드백을 수렴하여 다음 훈련 기획에 반영할 수 있도록 함

양식 예시:

① 이번 훈련을 통해 가장 유익했던 부분은 무엇이었습니까?

② 어려웠거나 개선되었으면 하는 점이 있다면?

③ 개인의 삶이나 신앙에 어떤 변화가 있었습니까?

④ 이 훈련을 다른 이에게 추천하시겠습니까? (예/아니오 + 이유)

형식: 온라인 설문지, 인쇄 양식, 그룹 인터뷰용 질문지로 변형 가능

활용: 인도자 회의 시 보고서 작성, 담임목사와의 소통 자료로도 사용 가능

제3장

'신성한 성품으로의 여정'을 위한 훈련 10주 과정
-참여자용 워크북

▶1주차 워크북

주제: 부르심과 영성의 기초 - 신성한 성품에의 초대
본문: 베드로후서 1장 3~4절
핵심 덕목: 신성한 성품에 대한 갈망
주요 질문: 나는 왜 신성한 성품을 따라 살아가야 하는가?

1. 도입 묵상
"그의 신기한 능력으로 생명과 경건에 속한 모든 것을 우리에게 주셨으니…."

하나님은 우리를 '신성한 성품에 참여하게 하려' 부르셨습니다. 이는 단지 도덕적으로 더 나은 삶을 사는 것이 아니라, 하나님의 존재 방식에 점점 더 참여하는 삶입니다. 이 부르심은 영성의 본질입니다.

묵상 질문: 나는 지금까지 '영성'이라는 단어에 어떤 이미지와 감정을 갖고 있었는가?

하나님께서 나를 '신성한 성품'에 참여하게 하시려 부르셨다는 사실이 어떤 느낌을 주는가?

2. 본문 읽기: 베드로후서 1:3~4(개역개정)
"그의 신기한 능력으로 생명과 경건에 속한 모든 것을 우리에게 주셨으니, 이는 자기의 영광과 덕으로써 우리를 부르신 이를 앎으로 말미암음이라. 이로써 그 보배롭고 지극히 큰 약속을 우리에게 주사, 이 약속으로 말미암아 너희가 정욕 때문에 세상에서 썩어질 것을 피하여 신성한 성품에 참여하는 자가 되게 하려 하셨느니라."

읽은 후 생각하기: 하나님의 능력은 어떤 '모든 것'을 우리에게 주셨다고 말하는가? '신성한 성품에 참여한다'는 표현이 내 삶에 어떤 의미를 가질 수 있을까?

3. 내용 정리

핵심 개념	요약 내용
신의 능력	우리 삶에 필요한 경건과 생명을 공급하시는 하나님의 능력
신적 부르심	하나님의 영광과 덕으로의 초대, 영성의 방향성 제시
보배로운 약속	'신성한 성품에의 참여'라는 구원과 변화의 목표 제시

4. 실천 과제

이번 주는 '영성 일기'를 시작하는 주입니다.
아래 항목을 매일 5분간 적어보세요:

오늘 내가 하나님의 부르심에 응답한 순간은?

내가 추구한 '신성한 성품'은 어떤 모습이었는가?

내 안의 옛 성품(정욕, 분노, 무기력 등)은 어떻게 드러났는가?

이를 하나님께 어떻게 가져갔는가?

+ 실천 챌린지: 하루에 한 번 '하나님의 성품'을 의식적으로 떠올리며 기도하거나 행동으로 실천해 보세요.

예) 온유, 인내, 자비, 거룩함 등

5. 기도문

사랑의 하나님,

당신의 능력으로 우리를 부르셔서 신성한 성품에 참여하게 하시니 감사합니다.

제 안에 여전히 남아 있는 욕심과 정욕, 세상의 썩어질 것들로부터 벗어나 당신의 거룩한 성품을 닮아가게 하소서.

오늘도 그 초대에 응답하며 성령 안에서 걸어가게 하소서.

예수님의 이름으로 기도드립니다. 아멘.

6. 공동체 나눔 질문

'신성한 성품'이라는 말을 처음 들었을 때 어떤 생각이 들었나요?

내 삶에서 하나님의 성품이 드러나기를 원하는 구체적인 부분은 어디인가요?

이번 주 영성 일기를 통해 어떤 내면의 움직임을 경험했나요?

▶2주차 워크북

주제: 믿음 위에 세우기 - 영성의 기초로서의 믿음
본문: 베드로후서 1장 5절
핵심 덕목: 믿음
주요 질문: 나는 무엇을 믿고 있으며, 그 믿음은 내 삶에 어떤 뿌리를 내리고 있는가?

1. 도입 묵상
영성 훈련의 출발점은 '믿음' 입니다. 이 믿음은 단순히 "신이 존재한다고 생각한다"는 수준을 넘어섭니다.
성경적 믿음은 신뢰, 의탁, 충성의 요소를 지닙니다.
믿음은 하나님을 인식하고, 그분의 성품과 약속을 신뢰하며, 나 자신을 그분께 맡기는 내면의 중심입니다.
덕을 더하기 위해 필요한 기초가 바로 믿음입니다. 영성은 믿음 없이는 시작될 수 없습니다.

2. 본문 읽기: 베드로후서 1:5
"그러므로 너희가 더욱 힘써 너희 믿음에 덕을 더하라…."
묵상 질문:
이 구절에서 믿음은 어떤 역할을 하는가?
나는 지금 내 믿음 위에 무엇을 세우고 있는가?
믿음의 근본을 재점검해야 할 부분은 어디인가?

3. 내용 정리

핵심 개념	요약 내용
믿음의 뿌리	하나님의 신실하심과 약속에 대한 전인격적 신뢰
영성의 기초	행동과 실천은 '믿음'이라는 내면의 구조에서 출발
적극적인 훈련	"더욱 힘써"라는 표현은 수동적 신념이 아닌 능동적 수련을 요구함

4. 실천 과제

이번 주의 목표는 나의 믿음이 어떤 기반 위에 놓여 있는지를 분별하는 것입니다.

신앙 자가 진단 체크리스트- 5점 척도

다음 항목을 1~5점으로 채점해보세요.

1: 전혀 아니다, 5: 매우 그렇다

나는 하나님이 언제나 선하시다는 것을 믿는다. _____

나는 어려움 속에서도 하나님의 약속을 신뢰한다. _____

나는 매일 하나님의 뜻에 순종하고자 한다. _____

나는 내 믿음을 지적으로 설명할 수 있다. _____

나는 내 믿음이 나의 삶과 선택에 영향을 미친다고 느낀다. _____

+ 영성 일기 항목 제안 (매일 기록)

오늘 내가 하나님을 신뢰한 순간은?

오늘 믿음을 행동으로 실천한 방식은?

5. 기도문

신실하신 하나님,

제 믿음이 흔들릴 때에도, 당신은 변함없는 반석이십니다.

저의 삶의 모든 영역이 당신을 향한 신뢰로 채워지기를 원합니다.

믿음 위에 굳건히 서서, 거기서 덕과 성품을 쌓아갈 수 있도록 이끌어 주소서.

예수님의 이름으로 기도드립니다. 아멘.

6. 공동체 나눔 질문

나는 언제 처음으로 하나님을 믿기로 결단했나요? 그 계기는 무엇이었나요?

내 믿음은 지금 얼마나 성숙해졌다고 느끼시나요?

이번 주간 동안 믿음을 실천하는 데 가장 도전이 되었던 상황은 무엇이었나요?

이 훈련을 통해 '믿음'이라는 덕목을 새롭게 정의하게 된 점이 있다면 무엇인가요?

▶3주차 워크북

주제: 덕을 더하라 - 인격의 방향 전환
본문: 베드로후서 1장 5절
핵심 덕목: 덕
주요 질문: 나는 믿음 위에 어떤 인격과 삶의 방향을 더하고 있는가?

1. 도입 묵상

'덕'이라는 말은 오늘날에는 다소 낡은 개념처럼 느껴질 수 있습니다.

그러나 신약성경에서 말하는 헬라어 ἀρετή는 단순한 도덕이나 규범적 선행이 아니라, '탁월한 인격적 힘' 또는 '존재의 방향성'을 의미합니다.

덕은 믿음 위에 세워지는 첫 번째 성품이자, 내면의 삶을 '하나님을 향한 방향으로' 전환시키는 실천입니다.

2. 본문 읽기: 베드로후서 1장 5절

"너희 믿음에 덕을 더하고…"

묵상 질문:

왜 '덕'이 믿음 이후의 첫 번째 덕목일까요?
내가 그리스도인으로서 갈망하는 인격의 방향성은 무엇인가요?
지금 내 삶에 가장 요구되는 '덕'은 무엇입니까?

3. 내용 정리

핵심 개념	요약 내용
덕의 의미	'탁월함' 혹은 '하나님의 부르심에 부합하는 인격적 자질'
덕의 실천 방향	정직, 용기, 절제, 자비 등 삶의 방향성을 하나님 중심으로 전환
믿음과의 관계	믿음이 뿌리라면, 덕은 방향입니다. 즉, 어디를 향해 자라날 것인가의 문제입니다.

4. 실천 과제

이번 주는 나의 인격과 성품의 방향을 돌아보는 시간입니다.
'내가 어떤 존재가 되고 있는가'를 성찰하는 것이 중심입니다.

인격 방향 체크리스트 – 5점 척도

나는 사람들과의 관계에서 정직함을 유지한다. _____
나는 감정이 격할 때도 절제하는 편이다. _____
나는 나 자신보다 타인의 유익을 먼저 생각한다. _____
나는 삶의 결정에 앞서 '하나님의 뜻'을 먼저 묻는다. _____
나는 내 말과 행동이 복음을 드러내는지 자주 돌아본다. _____

+ 실천 제안

이 주간에 한 가지 인격적 덕을 선택하여 집중적으로 실천해 보세요 (예: 용서, 절제, 친절 등)

매일 저녁, 오늘의 실천을 간단히 기록해 보세요.

5. 기도문

성령 하나님,

내 안에 새 방향과 새 인격을 빚으시는 분이시여,

믿음 위에 덕을 더하여,

내 존재 전체가 하나님을 향해 향하도록 이끌어 주소서.

덕의 삶을 통해 나의 말과 행동이 복음을 담아내게 하소서.

예수님의 이름으로 기도드립니다. 아멘.

6. 공동체 나눔 질문

내가 가장 자주 도전받는 덕목은 무엇인가요?

그 덕목을 실천하지 못하게 만드는 습관이나 환경은 무엇인가요?

덕 있는 삶이 나의 일상에 어떤 변화를 가져올 수 있을까요?

오늘 나의 덕의 실천이 공동체에 어떤 영향을 줄 수 있을까요?

▶ 4주차 워크북

주제: 지식을 더하라 - 하나님의 마음 알기
본문: 베드로후서 1장 5절
핵심 덕목: 지식
주요 질문: 나는 하나님을 단지 아는가, 아니면 그분의 마음을 알고 따르고 있는가?

1. 도입 묵상
'지식'은 단순한 정보나 성경 암기가 아닙니다.
신약에서 말하는 헬라어 γνῶσις는 '인격적 관계 안에서 얻어지는 앎'을 뜻합니다.
하나님을 지식적으로 아는 것을 넘어서, 그분의 뜻, 그분의 마음, 그리고 그분의 방식으로 세상을 바라보는 삶의 지평을 넓히는 것입니다.

2. 본문 읽기: 베드로후서 1장 5절
"너희 믿음에 덕을 더하고, 덕에 지식을 더하고…"
묵상 질문:
'지식'은 어떻게 우리의 덕 있는 삶을 견고하게 할까요?
나는 하나님을 인격적으로 알고, 그분과 동행하고 있다고 느끼나요?
내 신앙생활에서 '앎과 삶'의 간극은 어느 정도인가요?

3. 내용 정리

핵심 개념	요약 내용
지식의 의미	단순한 정보가 아니라, 하나님의 뜻과 성품을 체득하는 앎
삶과의 연결	지식은 올바른 선택을 가능하게 하며, 덕목의 방향과 질을 결정
실제 적용 지식	말씀 묵상, 하나님의 뜻에 대한 이해, 시대를 보는 신앙적 분별력

4. 실천 과제

이번 주는 '하나님의 마음을 아는 지식'을 추구하는 훈련입니다.

〈영적 지식 훈련〉

매일 아침, 시편이나 복음서 중 한 단락을 묵상하고
"이 본문을 통해 하나님의 마음은 무엇이라고 느껴지는가?"를 기록해 보세요.

한 주간 동안 다음과 같은 묵상 질문에 매일 응답해 보세요:

하나님은 오늘 나에게 어떤 마음을 나누셨는가?

내가 오늘 배운 가장 중요한 '하나님의 방식'은 무엇인가?

그 마음과 방식을 어떻게 순종으로 연결할 수 있을까?

+ 보조 훈련

설교를 듣거나 성경공부를 할 때, '하나님께서 기뻐하시는 선택'이 무엇인지 적어보세요.

익숙한 본문이라도, '지식의 깊이'를 더하는 시선으로 다시 읽어보세요.

5. 기도문

하나님 아버지,

나는 하나님에 대하여 알기를 원하지 않고,

하나님 당신을 알기 원합니다. 말씀을 통해, 삶을 통해,

공동체를 통해 하나님의 깊은 뜻과 사랑을 배우게 하시고,

지식이 나의 삶을 빛과 진리 가운데로 이끌게 하소서.

예수님의 이름으로 기도합니다. 아멘.

6. 공동체 나눔 질문

하나님의 뜻과 마음을 알게 되었던 경험을 나눠보세요.

내가 성경에서 가장 이해하기 어려운 '하나님의 방식'은 무엇인가요?

지식을 삶의 방향으로 바꾸는 데에 있어 가장 큰 장벽은 무엇인가요?

이번 주, '지식을 더하는 삶'의 한 가지 실천은 무엇인가요?

▶5주차 워크북

주제: 절제를 더하라 - 성령 안에서 나를 다스리는 법
본문: 베드로후서 1장 6절
핵심 덕목: 절제
주요 질문: 나는 나를 다스릴 수 있는 힘을 어디에서 얻고 있나?

1. 도입 묵상

절제는 '내 감정이나 욕망을 억누르는 힘'이 아니라, 성령 안에서 나의 욕망을 새롭게 질서화하는 능력입니다.

성경이 말하는 절제는 억제하는 힘이 아니라 '자유롭게 다스리는 능력'입니다.

자기중심적 에너지에서 벗어나 하나님의 뜻에 따라 '내 삶의 에너지'를 새롭게 배치할 수 있는 능력, 그것이 곧 절제입니다.

2. 본문 읽기: 베드로후서 1장 6절

"지식에 절제를, 절제에 인내를…"

묵상 질문:

절제가 지식 다음에 나오는 이유는 무엇일까요?

나는 어떤 상황에서 '절제'를 가장 많이 잃곤 하나요?

나의 감정과 습관, 시간과 말, 식욕과 성(性), 여가와 일상에서 절제가 필요한 영역은 어디인가요?

3. 내용 정리

핵심 개념	요약 내용
절제의 의미	성령 안에서 자신을 다스리는 힘, 내면의 자유로움
절제와 지식의 관계	지식은 방향을 주고, 절제는 그 방향을 지속하게 함
삶과의 연결	감정, 소비, 시간, 관계 등에서의 자기 통제와 인격적 성숙으로 연결됨

4. 실천 과제

이번 주는 '나의 삶을 성령의 질서 안에 재배치' 하는 훈련입니다.

〈절제 훈련 과제〉

나의 '삶의 흐름도'를 작성해 보세요.

내가 반복적으로 중독되거나 흐트러지는 영역은 어디인가요?

아래 항목 중 하나를 정하여 5일간 절제 훈련을 실천해 보세요.

 - 말 절제: 비판, 판단, 불평을 하지 않기

 - 감정 절제: 분노나 낙담을 성찰로 대체하기

 - 시간 절제: 하루 1시간 이상 SNS · 유튜브 금지, 대신 묵상이나 독서

 - 식사 절제: 감사 기도와 함께 식사하기, 과식하지 않기

 + 일기 작성: 하루 끝마다 "오늘 내가 절제함으로 하나님께 가까이 간 순간은 언제였는가?"를 짧게 기록해 보세요.

5. 기도문

성령 하나님,

나를 다스리는 힘이 내 안에서 오지 않음을 압니다.

주님께서 다스리시는 내면의 질서를 배워가게 하시고,
날마다 절제함으로 나의 삶을 하나님께 드리게 하소서.
작은 행동 속에서도 주님의 영광을 반영하게 하소서.
예수님의 이름으로 기도합니다. 아멘.

6. 공동체 나눔 질문

이번 주 내가 '절제를 가장 필요로 했던 순간'은 언제였나요?
절제는 억제가 아니라 자유입니다.
이 정의에 대해 어떻게 생각하시나요?
절제를 통해 어떤 관계나 습관이 새롭게 변화될 수 있을까요?
나는 어떤 방식으로 절제를 훈련하고 있나요? 함께 나눠주세요.

▶6주차 워크북

주제: 인내를 더하라 - 고통 속에서 하나님을 신뢰하기
본문: 베드로후서 1장 6절
핵심 덕목: 인내
주요 질문: 나는 기다림 속에서도 하나님을 믿고 있나?

1. 도입 묵상
인내는 단순히 '참는 것'이 아닙니다.
인내는 '하나님의 뜻이 이루어질 것을 신뢰하며 기다리는 능동적 믿음'입니다.
기다림 속에서 나를 단련하시고,
고통 가운데서도 하나님의 뜻을 이루시는 하나님을 신뢰할 때,
우리의 인내는 '영혼의 근육'이 됩니다.

2. 본문 읽기: 베드로후서 1장 6절
"절제에 인내를, 인내에 경건을…"
묵상 질문:
절제 다음에 인내가 나오는 이유는 무엇이라고 생각하시나요?
내 삶에서 지금 '기다려야 할 문제'는 무엇인가요?
하나님이 내게 인내를 통해 이루고자 하시는 것은 무엇일까요?

3. 내용 정리

핵심 개념	요약 내용
인내의 성경적 의미	고통을 회피하지 않고, 소망 가운데 견디는 믿음의 태도
절제와 인내의 관계	절제는 즉각적인 반응을 다스리고, 인내는 장기적인 믿음을 지속하게 함
인내의 열매	성숙, 신뢰, 소망, 하나님의 뜻 안에서 살아가는 힘

4. 실천 과제

〈인내 훈련 과제〉

이번 주는 '하나님 안에서 기다리는 연습'을 합니다.

① 침묵 기도 훈련

매일 10분간 소리 내지 않고 침묵으로 하나님 앞에 머물러 보세요.(잡생각은 자연스럽게 흘려보내며 '하나님, 주님을 기다립니다'라고 속으로 반복)

② '불편함 견디기' 훈련 중 택 1

줄서기, 대중교통, 이메일 대기 등에서 불평하지 않기

늦거나 불완전한 사람에게 관대해지기

답답한 상황에서 '하나님의 관점'을 묵상하며 감정 조절하기

+ 일기 작성

"오늘 나는 어디서 기다림을 선택했는가?"

"그 기다림은 나를 어떻게 변화시켰는가?"

하루 한 줄씩 적어보세요.

5. 기도문

주님,

나의 시간과 하나님의 시간이 다를 때,

기다림이 나를 무기력하게 만들지 않게 하소서.

인내 속에 주님을 더 깊이 만나게 하시고,

주님의 뜻이 이루어지는 과정을 신뢰하게 하소서.

견디는 것이 아니라, 주님과 함께 동행하는 여정이 되게 하소서.

예수님의 이름으로 기도합니다. 아멘.

6. 공동체 나눔 질문

이번 주 나에게 '인내를 요구한 사건'은 무엇이었나요?

고통 중에도 하나님을 신뢰하는 것은 어떤 의미인가요?

나는 어떤 상황에서 인내하지 못하고 포기한 경험이 있나요?

내 삶에 하나님의 시간표를 받아들이기 어려운 부분은 어디인가요?

▶7주차 워크북

주제: 경건을 더하라 - 하나님과의 일상을 세우기
본문: 베드로후서 1장 6절
핵심 덕목: 경건
주요 질문: 나의 매일은 하나님 앞에 열려 있는가?

1. 도입 묵상
경건은 교회에 있는 시간만이 아니라,
일상 속에서 하나님과 동행하는 삶입니다.
경건은 일상과 예배, 습관과 헌신,
시간과 마음을 통해 하나님을 향하는 태도입니다.

2. 본문 읽기: 베드로후서 1장 6절
"인내에 경건을, 경건에 형제 우애를…"

묵상 질문:
인내와 경건 사이에는 어떤 관계가 있다고 생각하십니까?
경건이란 단순히 '종교적 행동'이 아니라면, 나에게는 무엇인가요?
내 삶에서 하나님을 의식하며 사는 구체적 시간은 언제인가요?

3. 내용 정리

핵심 개념	요약 내용
경건의 의미	하나님을 향한 경외심이 일상 속에서 표현되는 태도와 삶
경건의 외형과 내면	기도, 말씀, 예배 같은 외적 실천 + 마음과 태도의 내면 훈련
일상 경건의 실현	하루의 시작과 마침, 선택의 순간마다 하나님을 기억하고 동행하기

4. 실천 과제

〈경건 훈련 과제〉

① '하루의 시작을 하나님과 함께'

하루를 시작하며 시편 5편 또는 시편 143편을 읽고 기도하세요.

오늘 하루 하나님의 임재를 '의식하며' 살고자 결단합니다.

② '일상 속 예배 훈련' 택 1

출근·등교 길에 감사 찬양 듣기

하루 중 3번 알람을 설정해 짧은 30초 기도

(예: "지금도 하나님은 나와 함께하신다")

집안일/ 식사/ 대화 중 '하나님께 드린다'는 의식으로 하기

+ 경건 일기 쓰기

"오늘 내 마음이 하나님께 열린 순간은 언제였는가?"

"경건의 습관을 방해하는 나의 장애물은 무엇인가?"

하루 2줄 적기

5. 기도문

주님,

저의 마음과 시간을 받아주시고,

일상 속의 작은 일들을 통해 주님을 더욱 깊이 만나게 하소서.

종교적 행위만이 아니라, 삶 전체가 예배가 되는 은혜를 주옵소서.

예수님의 이름으로 기도합니다. 아멘.

6. 공동체 나눔 질문

나에게 '경건'은 어떤 의미인가요?

오늘 하루 중 하나님을 특별히 의식한 순간이 있었나요?

반복되는 일상 속에서 하나님을 만나는 나만의 '루틴'이 있나요?

경건의 훈련을 지속하는 데 필요한 지원은 무엇인가요?

▶8주차 워크북

주제: 형제 우애 - 공동체 안에서의 영적 책임과 사랑의 실천
본문: 요한일서 2장 9~11절, 로마서 12장 10절
핵심 덕목: 형제 우애
주요 질문:
나는 교회 공동체 안에서 어떤 방식으로 사랑을 실천하고 있는가?
영적 가족으로서의 형제자매를 어떻게 돌보고 있는가?

1. 도입 묵상
"형제를 사랑하여 서로 우애하고 존경하기를 서로 먼저 하며." (롬 12:10) 이 시대는 연결되어 있으나 단절되어 있는 시대입니다. 그러나 성도는 '영적 가족'으로 부름 받았습니다. 오늘 우리는 '형제 우애'라는 신적 성품의 덕을 통해 서로를 돌아보는 삶으로 초대받습니다.

2. 본문 읽기
요한일서 2장 9~11절, 로마서 12장 10절
묵상 질문:
본문에서 '형제를 미워하는 자'와 '사랑하는 자'는 어떻게 구분됩니까?
내가 속한 공동체에서 하나님께서 내게 맡기신 영적 책임은 무엇입니까?

3. 내용 정리

형제 우애는 단순한 감정적 유대가 아닌, 하나님 안에서 맺어진 '영적 책임 관계'입니다. 공동체 안에서 먼저 존경하고, 사랑하고, 용납하는 훈련이 신적 성품의 필수 조건입니다. 하나님의 자녀로서 서로의 연약함을 덮고 세워가는 '사랑의 실천장'이 바로 교회입니다.

4. 실천 과제

한 주 동안 소그룹 또는 교회 내 누군가에게 '격려의 말'을 전해보십시오.

과거에 불편한 관계였던 형제/자매를 위해 기도하고 화해의 첫 발을 내딛어보십시오.

'형제 우애'의 덕목을 내 삶의 어떤 관계에 적용할 수 있을지 구체적으로 기록해보십시오.

5. 기도문

주님, 저를 공동체 가운데 부르시고, 그 안에서 사랑하고 자라가게 하심을 감사합니다. 형제자매를 품는 진실한 마음을 주소서. 불편했던 마음도 주님의 사랑으로 덮게 하시고, 서로를 돌보며 하나의 몸으로 살아가게 하소서. 예수님의 이름으로 기도합니다. 아멘.

6. 공동체 나눔 질문

내가 경험한 가장 깊은 '형제 우애'의 순간은 언제입니까?

공동체 안에서 내가 먼저 실천해야 할 사랑은 무엇이라 생각합니까?

▶9주차 워크북

주제: 사랑 - 신적 성품의 정점이자 모든 덕목의 완성
본문: 고린도전서 13장 1~13절, 요한복음 15장 12~13절
핵심 덕목: 사랑
주요 질문:
나는 진정 사랑으로 행하고 있는가?
사랑을 삶의 태도이자 사명으로 받아들이고 있는가?

1. 도입 묵상
"사랑은 율법의 완성이라." (롬 13:10)
사랑은 가장 위대한 덕목입니다. 신적 성품의 모든 열매는 사랑에서 시작되고 사랑으로 완성됩니다.
이번 주는 그 사랑을 배우고 실천하는 시간입니다.

2. 본문 읽기
고린도전서 13장 1~13절, 요한복음 15장 12~13절
묵상 질문:
바울이 말하는 사랑의 본질은 무엇입니까?
예수님이 보여주신 사랑은 어떻게 '명령'이 되었습니까?

3. 내용 정리
사랑은 성품의 정점이며, 덕목들을 하나로 묶는 중심축입니다.

고린도전서 13장의 사랑은 감정보다 '실천적 헌신'에 가깝습니다.

예수님의 자기 희생적 사랑은 우리가 따라야 할 모델이자 능력입니다.

4. 실천 과제

'나의 삶에서 가장 사랑이 필요한 관계'를 정해보십시오. 그를 위해 이번 주 매일 기도하고, 작지만 구체적인 사랑을 실천해보십시오.

고린도전서 13장의 사랑의 내용을 하루에 한 절씩 묵상하고, 적용점을 기록하십시오.

'사랑 없는 행위'가 만들어낸 어려움을 회복하기 위한 첫 걸음을 내딛어보십시오.

5. 기도문

사랑이신 주님,
내가 사랑 없이 행하지 않도록 인도하소서.
모든 덕목 위에 사랑을 더하고,
사랑으로 모든 관계를 회복하게 하소서.
십자가의 사랑을 따라 살게 하소서.
예수님의 이름으로 기도합니다. 아멘.

6. 공동체 나눔 질문

'진심으로 사랑받았다'고 느낀 경험이 있다면 언제입니까?
내 삶에서 사랑이 가장 결핍된 영역과 그 이유는 무엇인가요?

▶10주차 워크북

주제: 성품 훈련의 회고와 삶의 사명으로의 헌신
본문: 디모데후서 2장 21절, 로마서 12장 1~2절
핵심 덕목: 헌신, 사명
주요 질문:
하나님께서 나에게 주신 성품 훈련의 열매는 무엇인가?
나는 어디로, 누구에게로 보내지는가?

1. 도입 묵상
"너희 몸을 하나님이 기뻐하시는 거룩한 산 제물로 드리라."(롬 12:1)
10주간의 훈련 여정은 한 과정의 마무리이자, 인생 전체를 향한 새 출발점입니다. 우리는 이제 신적 성품을 삶으로 살아내는 '하나님의 사람'으로 나아갑니다.

2. 본문 읽기
디모데후서 2장 21절, 로마서 12장 1~2절
묵상 질문:
나는 무엇으로부터 깨끗하게 되어 하나님께 드려지고 있습니까?
나의 '삶의 예배'는 어느 영역에서 이루어지고 있습니까?

3. 내용 정리
사명은 '성품 있는 존재로 살아가는 삶의 방향'입니다.

우리의 모든 성장은 '보냄 받은 삶'을 위한 준비입니다.

이제는 내 삶의 자리에서 하나님의 성품을 드러내는 사명자로 살아가야 합니다.

4. 실천 과제

지난 9주간의 훈련을 회고하며 내 삶에 일어난 변화를 정리해보십시오.

'신적 성품 선언문'을 작성해보십시오.

'나의 사명 선언문'을 작성하여 삶의 방향을 구체화해보십시오.

수료식에서 발표할 헌신의 기도를 미리 작성해보십시오.

5. 기도문

주님,

이 모든 여정 가운데 동행하심에 감사드립니다.

이제는 배우고 깨달은 성품을 내 삶으로 살아내게 하소서.

삶의 자리마다 사명을 깨닫고, 진실한 헌신으로 응답하게 하소서.

예수님의 이름으로 기도합니다. 아멘.

6. 공동체 나눔 질문

10주 훈련을 통해 내가 경험한 가장 큰 변화는 무엇인가요?

나는 어떤 사명의 자리로 보내심을 받고 있다고 느끼나요?

제4장

'신성한 성품으로의 여정'을 위한 훈련 10주 과정
−목회자 및 소그룹 리더 매뉴얼 서론

1. 매뉴얼의 목적

'신성한 성품으로의 여정'은 베드로후서 1장 4~7절을 중심으로 한 덕목 기반의 통합 영성 훈련 프로그램이다. 본 매뉴얼은 목회자와 소그룹 리더들이 이 훈련을 교회 현장에서 신학적으로 바르게 이해하고, 실천적으로 효과적으로 이끌 수 있도록 지원하는 것을 목적으로 한다.

이 매뉴얼은 단순한 커리큘럼 설명을 넘어, '훈련자의 영적 내공'과 '공동체 안에서의 목회적 감수성'을 함양하는 도구다.

훈련 인도자는 단순한 '진행자'가 아니라, 신성한 성품으로의 여정을 먼저 살아가는 안내자다. 이 매뉴얼은 그러한 리더들을 위한 이론적 안내서이자, 실천적 동반자다.

2. 프로그램의 신학적 기초

이 훈련은 베드로후서 1장 4절의 선언인 "그의 신기한 능력으로 생명과 경건에 속한 모든 것을 우리에게 주셨으니 … 너희가 정욕 때문에 세상에서 썩어질 것을 피하여 신성한 성품에 참여하는 자가 되게 하려 하셨느니라"에 뿌리를 둔다.

　이 구절은 기독교 영성이 단순한 윤리적 수양이 아니라, 하나님 안에서 신성한 성품에 참여하는 실제적 변화임을 강조한다.

　이 훈련은 '성령 안에서 신성한 성품에 참여하는 삶'을 믿음, 덕, 지식, 절제, 인내, 경건, 형제 우애, 사랑이라는 덕목 훈련을 통해 구체화하는 것을 목표로 한다.

3. 이 훈련이 필요한 이유

　오늘날 한국 교회는 영성에 대한 혼란, 피로, 그리고 단절을 경험하고 있다. '영성'을 지나치게 감정적 체험에 국한하거나, 형식적 훈련으로 오용하거나, 반대로 영성을 무시하고 실용주의 목회로 경도되기도 한다.

　본 훈련은 이와 같은 한계를 넘어, 신학과 실제, 개인과 공동체, 지성과 실천이 통합된 영성 훈련을 제안한다. 그리고 무엇보다 이 훈련은 목회자와 리더 자신이 먼저 '신성한 성품으로의 여정'에 초대되었음을 기억하는 데서 출발한다.

4. 훈련 실행 가이드

1) 전체 흐름

단계	설명	기간
도입	오리엔테이션 + 베드로후서 개관	1주
덕목 훈련 (8단계)	믿음 → 덕 → 지식 → 절제 → 인내 → 경건 → 형제 우애 → 사랑	8주
종합	회고, 헌신, 사명 선언	1주
총 소요 기간	10주 (유동적으로 조정 가능)	약 3개월

2) 인도자 사전 준비

성경 묵상 및 신학적 내면화: 각 덕목에 대한 성경 본문과 신학적 개념을 충분히 숙지하세요. 단순한 '지식 전달'이 아니라 '삶으로 증언하는 인도자'가 되어야 합니다.

기도로 준비된 마음: 성령께서 조원들의 삶에 역사하시도록 간구하며, 그룹 구성원 한 사람 한 사람을 위한 중보기도 명단을 따로 관리하면 좋습니다.

공동체 분위기 형성: 훈련은 강의가 아니라 공동체적 참여입니다. 신뢰와 경청, 자유로운 나눔이 가능한 영적 안전지대를 형성하는 것이 핵심입니다.

3) 매주 훈련 구성 예시

시간	구성	설명
10분	찬양 및 기도	마음을 하나님께 열고 공동체를 한데 모음
15분	말씀 묵상 및 인도자 강의	해당 덕목의 성경적/ 신학적 개념 제시
20분	소그룹 나눔	삶의 경험, 적용 시도, 고민 공유
15분	실천 과제 설정	한 주간 적용할 실천 과제 선택
10분	중보기도와 파송	서로를 축복하며 훈련의 현장으로 보냄

※ 리더는 시간 배분에 유연성을 가지되, 나눔이 깊어질 수 있도록 개방적 질문을 활용하세요.

4) 훈련 중 인도자 유의 사항

'완성'보다 '과정'에 집중: 훈련은 삶을 변화시키는 여정입니다. 당장 성과보다 꾸준한 변화의 리듬에 집중하세요.

조원별 리듬 파악: 과도한 기대보다는 각자의 신앙 여정에 맞게 개별적 관심과 격려가 필요합니다.

지적 전달보다 관계 중심: 중요한 것은 진리의 깊이와 공동체적 경험의 만남입니다. 진리를 삶으로 경험하도록 도와주세요.

5) 마무리 및 다음 단계 제안

10주차 종합 모임: 각 조원이 자신의 덕목 성장 경험과 사명 선언문을 나눌 수 있도록 합니다. 예배 형식으로 드릴 수도 있으며, 간증과 중보기도 시간을 충분히 확보하세요.

제5장

'신성한 성품으로의 여정'을 위한 훈련 10주 과정
-각 주차별 세부 지도안 자료

1. 전체 구성

주차	주제	핵심 본문	주요 덕목
1주	오리엔테이션	벧후 1:3~11	훈련 개요 및 여정 소개
2주	믿음	히 11:1~6	믿음
3주	덕	빌 4:8~9	덕
4주	지식	골 1:9~10	지식
5주	절제	고전 9:24~27	절제
6주	인내	롬 5:3~5	인내
7주	경건	딤전 4:7~8	경건
8주	형제 우애	롬 12:9~13	형제 우애
9주	사랑	고전 13:1~13	사랑
10주	종합 및 헌신	벧후 1:10~11	여정 회고 및 사명 선언

2. 각 주차별 세부 지도안 자료

▶1주차 세부 지도안

주제: 신성한 성품으로의 초대와 부르심
본문: 베드로후서 1장 3~4절

훈련 목표

참가자들이 영성 훈련의 출발점이 인간의 노력이나 결단이 아닌 하나님의 은혜로운 부르심임을 깨닫도록 돕는다.

"신성한 성품에 참여하는 자가 되게 하려 하셨느니라"는 말씀을 통해 훈련의 방향과 목적을 분명히 인식하게 한다.

훈련 전 과정에 대해 내적 헌신과 공동체적 기대를 품고 시작할 수 있도록 준비시킨다.

주요 말씀

"그의 신기한 능력으로 생명과 경건에 속한 모든 것을 우리에게 주셨으니… 이로써 그 보배롭고 지극히 큰 약속을 우리에게 주사 이 약속으로 말미암아 너희가 정욕 때문에 세상에서 썩어질 것을 피하여 신성한 성품에 참여하는 자가 되게 하려 하셨느니라." (벧후 1:3~4)

지도 포인트

출발점 강조: 훈련은 우리의 결심보다 앞서 하나님의 은혜와 부르심

에 응답하는 것이다. 스스로 성숙을 쌓는 것이 아니라 하나님이 부르신 자리로 나아가는 것이다.

목표의 방향 제시: 훈련의 목적은 '신성한 성품'이 무엇인지 배우는 것만이 아니라, 그 성품에 실제로 참여하는 삶을 향한 변화다. 성령의 능력 없이는 불가능한 초월적 삶이라는 점을 강조한다.

공동체 분위기 조성: 첫 모임인 만큼 참여자 간의 신뢰 형성과 개방적 분위기 조성이 중요하다. 서로를 판단하지 않고, 함께 배우고 자라기 위한 격려의 공동체임을 분명히 한다.

개인적 적용 유도: 각자가 이 훈련을 통해 무엇을 기대하는지, 그리고 하나님의 부르심 앞에서 자신은 어떤 응답을 하고 싶은지를 고백하도록 이끈다.

나눔 질문

"신성한 성품에 참여하는 자가 되게 하려 하셨느니라"는 말씀에서 어떤 느낌을 받으셨나요?

하나님께서 지금 나를 어떤 자리로 부르고 계신다고 느끼시나요?

지금까지의 신앙 여정에서 하나님의 부르심을 어떻게 경험하셨나요?

이번 훈련 과정을 통해 개인적으로 기대하는 변화는 무엇인가요?

함께 훈련받는 공동체에서 내가 기여하고 싶은 것은 무엇인가요?

기도 주제

"하나님, 나를 신성한 성품에 참여하도록 부르신 은혜를 깊이 깨닫게 하소서."

"이 훈련의 여정을 통해 당신의 성품을 닮아가는 삶으로 변화되게 하소서."

"공동체 안에서 서로 격려하며 성장하는 은혜를 경험하게 하소서."

"훈련 동안 나의 약함보다 하나님의 능력을 더욱 신뢰하게 하소서."

▶ 2주차 - 믿음

본문: 베드로후서 1장 5절 "너희 믿음에…"

1. 강의 요약: 믿음, 신적 성품의 시작점

핵심 구절 해설: 베드로는 신성한 성품에 참여하는 삶의 첫걸음으로 '믿음'을 강조합니다. 이 믿음은 단순한 동의가 아니라, 전인격적 신뢰와 복종을 포함하는 '관계적 믿음' 입니다.

영성 적용: 믿음은 영성의 기초이며, 모든 덕목의 출발점입니다.

우리가 하나님을 '신뢰하는 만큼' 만 신성한 성품에 참여할 수 있습니다.

믿음은 '행동으로 드러나는 신뢰' 입니다.

2. 설교안 요약: '믿음, 삶을 움직이는 신뢰'

본문 강조점: 믿음은 주관적 확신이 아니라 하나님을 신뢰하고 따르기로 결단한 인격적 선택입니다.

신성한 성품에 이르기 위한 통로로서 믿음은 '가만히 있는 상태' 가 아니라 '실천하는 믿음' 입니다.

오늘의 적용: 믿음을 '지식의 문' 이 아닌 '순종의 발걸음' 으로 전환하십시오.

작은 믿음의 실천을 통해 큰 영적 전환이 시작됩니다.

3. 나눔 질문지 (소그룹용)

여러분은 '믿음'이라는 단어를 어떻게 정의하십니까?

내 삶의 어떤 영역에서 하나님을 온전히 신뢰하지 못하고 있습니까?

'신성한 성품에 참여한다'는 말이 여러분에게 어떤 의미로 다가옵니까?

이번 주에 내가 믿음으로 결단할 수 있는 작은 실천은 무엇입니까?

4. 리더 교육 포인트

초신자와 오래된 신자를 구분하여 질문을 유도:

초신자에게는 믿음의 정의와 사례 중심으로 질문을 풀어가고,

오래된 신자에게는 '믿음이 성숙해 가는 과정'에 대한 반성을 유도하세요.

실천으로 연결: 단순한 감정공유로 끝나지 않도록, 각자 '이번 주 믿음의 행동'을 선언하도록 도와주세요.

기도 마무리 제안: "하나님, 내가 믿는다고 하면서도 순종하지 못했던 삶의 부분들을 주 앞에 내려놓습니다 …."

▶3주차 - 덕

본문: 베드로후서 1장 5절 "너희 믿음에 덕을…"

1. 강의 요약: 덕, 신성한 성품의 빛남

핵심 구절 해설: 여기서 말하는 '덕'(ἀρετή, aretē)은 단순한 도덕적 선이 아닌, 탁월함, 고결함, 영적 품격을 포함하는 개념입니다.

헬라 철학에서 '덕'은 인간 존재의 목적에 합당한 탁월함을 뜻하며, 베드로는 이 덕을 믿음 위에 세우라 권면합니다.

영성 적용: 기독교적 덕은 그리스도의 성품을 닮아가는 구체적인 실천입니다.

덕은 '보이는 영성'으로, 신성한 성품의 아름다움을 세상에 드러내는 방식입니다.

예) 겸손, 진실함, 정의감, 인내, 절제 등은 구체적 덕의 표현입니다.

2. 설교안 요약: '보이지 않는 믿음, 보이는 덕으로'

본문 강조점: 믿음이 내면의 결정이라면, 덕은 그것이 밖으로 드러나는 빛입니다. '덕'은 성령의 열매처럼 신성한 성품을 이 땅에 구현하는 방식입니다.

오늘의 적용: 나의 믿음을 '빛나는 덕'으로 드러낼 수 있도록, 구체적인 훈련이 필요합니다.

덕은 우리의 일상 속에서 '예수님의 향기'를 풍기는 습관입니다.

3. 나눔 질문지 (소그룹용)

'덕'이라는 단어를 들으면 어떤 이미지가 떠오릅니까?

내가 최근 가장 부족함을 느끼는 성품의 영역은 어디입니까?

믿음 위에 덕을 세운다는 말은 어떤 의미로 들립니까?

덕 있는 삶을 살기 위해 내가 고쳐야 할 습관은 무엇입니까?

이번 주에 실천할 수 있는 구체적인 '덕의 행동'은 무엇입니까?

4. 리더 교육 포인트

'덕'을 모호한 추상어가 아닌 구체적 덕목으로 바꾸어 설명하세요. 예) 인내, 자비, 정직, 섬김, 용서 등.

참여자의 일상과 연결:

직장, 가정, 교회 등 각자의 삶의 자리에서 드러낼 수 있는 '작은 덕'의 예를 끌어내세요.

성찰과 결단을 병행하세요:

"나는 어떤 덕을 통해 하나님의 성품을 드러내고 있는가?"

"이번 주 내가 의도적으로 실천할 '덕목 한 가지'는 무엇인가?"

기도 마무리 제안: "주님, 나의 믿음이 말에만 머무르지 않고, 덕으로 빛나게 하소서…"

▶4주차 - 지식

본문: 베드로후서 1장 5절 "덕에 지식을 더하고"

1. 강의 요약: 영적 분별의 눈, 지식

본문 해설: 여기서 '지식(γνῶσις, gnōsis)'은 단순한 정보 습득이 아니라, 하나님과 그 뜻을 아는 관계적 지각을 의미합니다.

이는 삶을 이끄는 분별력, 즉 영적 안목과 통찰력을 뜻합니다.

신성한 성품은 '생각 없는 열심'이 아닌 '분별 있는 열정'을 요구합니다.

영성 적용: 바른 지식은 올바른 실천의 기초입니다.

영적 성숙은 '지식 없는 열심'에서 '지혜 있는 섬김'으로 전환될 때 가능합니다.

말씀 묵상, 신학적 훈련, 영적 독서 등은 이 지식을 길러내는 실천입니다.

2. 설교안 요약: "믿음에 눈을 뜨게 하소서"

본문 강조점: 지식은 하나님의 뜻을 식별하는 능력입니다.

하나님의 성품을 닮기 위해서는 무엇이 선한지 아는 분별이 선행되어야 합니다.

오늘의 적용: 말씀 중심의 삶, 질문하는 신앙, 생각하는 영성이 필요합니다.

지식은 단순히 성경 공부의 결과가 아니라, 하나님과 동행하며 배우는 삶의 태도입니다.

3. 나눔 질문지 (소그룹용)
나는 신앙생활에서 '지식'의 중요성을 얼마나 인식하고 있습니까?
요즘 내가 하나님을 더 깊이 알게 된 계기나 경험이 있다면?
감정과 열정으로만 행동했다가 실수했던 경험이 있습니까?
말씀 묵상이나 영적 독서 중 내 삶에 통찰을 준 것은 무엇입니까?
이번 주 내가 실천할 '지식 훈련'은 무엇입니까?

4. 리더 교육 포인트
'지식'을 학문이 아닌 영적 분별의 눈으로 설명하세요.
단지 아는 것보다 '삶에서 바르게 해석하는 능력'으로 강조하십시오.
참여자들이 최근의 삶에서 직면한 갈등이나 선택 상황을 나누게 하세요.
그 가운데 하나님의 뜻을 분별한 경험 또는 실패한 경험을 공유하게 하십시오.
지식 훈련의 구체적 방법을 제시하세요:
말씀 읽기와 질문 던지기
짧은 묵상 나눔
추천 도서 안내: 예)『하나님을 아는 지식』(J.I. 패커)
기도 마무리 제안: "주님, 지식으로 나의 길을 밝히시고, 분별로 주님의 뜻을 따르게 하소서…"

▶5주차 - 절제 (Self-Control)

본문: 베드로후서 1장 6절 "지식에 절제를 더하고"

1. 강의 요약: 지식을 실천으로 연결하는 절제의 능력

본문 해설: '절제'(ἐγκράτεια, enkrateia)는 자기 통제, 또는 자기 억제력을 뜻합니다.

신성한 성품은 단지 선한 뜻을 아는 데서 끝나지 않고, 그것을 삶에서 실천해내는 능력을 포함합니다.

절제는 감정, 욕망, 말, 행동, 시간, 식욕, 성적 욕망 등 전방위적인 자기 주체화 능력입니다.

영성 적용: 절제는 '억눌림'이 아니라 '성령 안에서의 자유'입니다. 내면의 질서를 갖춘 사람이 타인을 진정으로 섬길 수 있습니다.

이 덕목은 금식, 침묵, 규칙적인 기도 생활, 생활 습관의 절제 등을 통해 훈련됩니다.

2. 설교안 요약: "마음을 다스리는 사람이 성을 빼앗는 자보다 낫다"

본문 강조점: 하나님은 우리가 자기 감정과 욕망을 다스리는 사람으로 자라가길 원하십니다.

절제는 성령의 열매이기도 하며(갈 5:23), 내면의 회복을 보여주는 징표입니다.

오늘의 적용: 우리는 분노, 중독, 지나친 감정 반응 등에 대해 무방비 상태일 때가 많습니다.

절제는 거룩한 자율성으로의 훈련입니다.
말씀과 기도로 자신을 '다스리는 훈련'이 필요합니다.

3. 나눔 질문지 (소그룹용)
나는 어떤 영역(감정, 식욕, 시간 등)에서 절제가 잘 되지 않습니까?
절제가 필요한 상황에서 최근 실패하거나 성공한 경험이 있다면?
절제는 억눌리는 느낌입니까, 자유를 위한 훈련입니까?
나는 일상에서 어떤 절제 훈련을 시도하고 있습니까?
이번 주 실천할 구체적인 절제 훈련 한 가지는?

4. 리더 교육 포인트
'절제'를 억제나 금욕으로 오해하지 않도록 설명해 주세요.
오히려 절제는 거룩한 자유, 내면의 질서임을 강조하세요.
참여자들이 자신이 통제하지 못하는 영역을 안전하게 나눌 수 있는 분위기를 조성하세요.
음식, 스마트폰, 분노, 언어, 감정 등의 사례를 구체화해 보세요.
구체적 훈련 도전 과제를 제안하세요:
한 끼 금식해보기, 하루 1시간 휴대폰 없는 시간, 아침 묵상 10분 등
기도 마무리 제안: "주님, 저를 성령의 능력으로 다스려 주시고, 내 삶을 통제할 수 있는 절제의 은혜를 부어주소서."

▶6주차 - 인내 (ὑπομονή, Hypomonē)

본문: 베드로후서 1장 6절 "절제에 인내를 더하고"

1\. 강의 요약: 지속 가능한 믿음의 힘, 인내

본문 해설: 인내는 고난이나 지체됨 속에서도 신뢰를 잃지 않고 지속하는 믿음의 자세입니다. 인내(ὑπομονή)는 단지 참는 것을 넘어, 소망 안에서 기다리는 적극적인 행위입니다.

영성 적용:

인내는 신앙의 성숙도를 보여주는 핵심 덕목입니다.

하나님의 시간표를 신뢰할 때 인내할 수 있습니다.

묵상과 고통 가운데 드리는 기도에 인내력이 자랍니다.

2\. 설교안 요약: "그가 약속하신 이는 미쁘시니" (히브리서 10:23)

본문 강조점: 인내는 '내가 버텨내는 능력'이 아니라, 하나님께 붙들려 있는 힘입니다. 고난의 시간을 통해 성품이 형성되고, 신적 성품의 깊이가 생깁니다(롬 5:3~4).

오늘의 적용: 쉽게 포기하고 싶은 삶의 자리에서, 하나님이 일하고 계심을 믿고 기다리는 훈련입니다.

인내는 내 뜻을 잠시 멈추고, 하나님의 뜻을 기다리는 영적 훈련입니다.

'기다림의 시간'이 하나님의 축복의 통로가 될 수 있습니다.

3. 나눔 질문지 (소그룹용)

최근 어떤 일에서 인내가 필요하다고 느끼십니까?

'하나님의 시간'을 신뢰하지 못했던 경험이 있나요?

인내 중에 생긴 열매나 깨달음이 있다면 나눠주세요.

고통 중에 하나님을 붙드는 나만의 방법은 무엇입니까?

이번 주, '기다림의 자리'에서 하나님을 바라보는 한 가지 훈련은?

4. 리더 교육 포인트

인내를 '단지 참고 견디는 것'이 아니라, '하나님의 타이밍을 신뢰하는 영성'으로 설명하세요.

고난과 시련의 경험을 안전하게 나눌 수 있도록 정서적 지지 분위기를 조성해 주세요.

참여자들이 각자의 '기다림'을 구체화할 수 있도록 질문을 유도해 보세요.

예) 취업, 건강 회복, 관계 회복, 사역의 열매 등

훈련 도전 과제 제안:

하루 10분 '기다림의 기도' 실천(요청하지 않고 기다리며 주님께 맡기는 기도)

고난의 시간을 묵상하는 말씀 필사 (롬 5:3~5, 약 1:2~4 등)

기도 마무리 제안: "주님, 조급한 제 마음을 주의 평안으로 다스려 주시고, 주님의 뜻을 기다릴 수 있는 인내를 주소서."

▶7주차 – 경건 (εὐσέβεια, Eusebeia)

본문: 베드로후서 1장 6절 "인내에 경건을 더하고"

1. 강의 요약: 하나님을 향한 경외심이 일상 속에서 표현되는 태도와 삶

본문 해설: 경건은 단순한 종교적 행위가 아니라 하나님을 의식하며 사는 전인격적 태도입니다. 경건은 하나님을 향한 경외심이 일상 속에서 표현되는 태도와 삶을 말합니다.

영성 적용: 경건은 '하나님 앞에서 살아가는 삶의 자세' 입니다.

기도, 말씀, 침묵, 순종 등 모든 삶의 행위가 하나님의 임재 안에서 행해질 수 있습니다. 경건은 행위보다 관계 중심입니다. 이것은 하나님과의 교제 속에서 자라납니다.

2. 설교안 요약: "경건은 범사에 유익하니" (딤전 4:8)

본문 강조점: 참된 경건은 하나님을 기쁘시게 하려는 내면의 중심에서 시작됩니다. 경건은 하나님과 친밀한 관계를 지속적으로 갈망하는 훈련된 태도입니다. 경건은 '경외'와 '친밀'이 균형을 이루는 영성입니다.

오늘의 적용:

내가 '경건한 사람' 이라는 말이 어떤 의미인지 되새기기

경건의 실천이 형식이나 의무감이 아닌 사랑의 응답으로 이루어지도록 훈련하기

'주님의 임재 인식하기'를 일상 루틴 속에 정착시키기 (출근길, 식사 전후, 일과 중)

3. 나눔 질문지 (소그룹용)

'경건'이라는 단어에 대해 어떤 이미지를 가지고 있습니까?

최근에 하나님을 의식하며 살았던 순간은 언제였나요?

경건의 실천이 루틴이 되지 못하게 방해하는 요소는 무엇인가요?

나에게 '경건한 사람'으로 다가왔던 인물은 누구였나요? 그 이유는?

이번 주에 실천할 수 있는 작은 경건 훈련 하나를 함께 정해봅시다.

4. 리더 교육 포인트

경건을 '일상의 하나님 임재 인식'이라는 관점에서 풀어주세요.

율법주의적 경건과 은혜 중심의 경건을 구분해 설명해 주세요.

나눔 시간에는 참여자들이 실제 루틴과 습관 속에 경건을 어떻게 세울 수 있을지 구체화할 수 있도록 지도해 주세요.

훈련 도전 과제 제안:

하루 세 번(아침/점심/저녁) 짧은 경건 묵상 (10분 내외)

"하나님, 지금 이 순간에도 주님과 함께 하나요?"라는 질문을 하루 한 번 스스로에게 던지기

시편 1편 필사 및 묵상

기도 마무리 제안: "주님, 형식이 아닌 사랑으로 당신 앞에 머물게 하시고, 삶의 모든 순간이 예배가 되게 하소서."

▶8주차 – 형제 우애 (φιλαδελφία, Philadelphia)

본문: 베드로후서 1장 7절 "경건에 형제 우애를 더하고"

1. 강의 요약: 가까운 이웃에게 실천하는 사랑

본문 해설: '형제 우애'는 헬라어로 φιλαδελφία, 즉 형제에 대한 우정적 사랑을 의미합니다.

이는 같은 믿음 안에서 성도 간에 품는 따뜻하고 실천적인 사랑입니다. 단지 감정이 아니라, 서로를 돌보는 책임적 관계를 뜻합니다.

영성 적용: 영성은 공동체 안에서 반드시 드러나야 하며, 혼자서 이룰 수 없는 덕입니다.

'형제 우애'는 '거룩한 공동체성'을 이루는 핵심 요소입니다.

하나님 사랑은 이웃 사랑으로 검증됩니다(요일 4:20 참조).

2. 설교안 요약: "너희가 서로 사랑하면…" (요 13:35)

본문 강조점: 예수님은 제자들에게 서로 사랑하라고 명하셨고, 그 사랑이 제자의 표지라고 하셨습니다.

'형제 우애'는 가까운 공동체 안에서부터 구체적이고 일상적인 방식으로 실천되어야 합니다.

상처가 많은 공동체일수록 더 의도적인 사랑 훈련이 필요합니다.

오늘의 적용: 용서해야 할 사람이 있는지 점검하기

격려의 말, 돌봄의 행동, 기도의 중보로 사랑을 실천하기

가까운 이웃에게 '하나님의 가족'이라는 시선으로 다시 바라보기

3. 나눔 질문지 (소그룹용)

'형제 우애'는 당신에게 어떤 의미입니까?

교회 공동체 내에서 실질적으로 사랑을 실천한 경험이 있다면 나눠주세요.

공동체 안에서 관계가 어려운 사람이 있다면, 이유는 무엇이라고 생각하십니까?

'서로 사랑하라'는 예수님의 명령이 실천되기 위해 우리 소그룹에서 어떤 변화가 필요할까요?

이번 주에는 사랑을 실천할 수 있는 작은 행동을 한 가지씩 정해봅시다.

4. 리더 교육 포인트

'형제 우애'는 감정이 아닌 '결단'에서 시작되는 사랑임을 강조해 주세요.

사랑의 실천은 반드시 '구체적인 행동'을 포함해야 합니다.

공동체 안에서 서로의 연약함을 받아들이고 인내하는 영성을 길러야 합니다.

훈련 도전 과제 제안:

주중에 한 사람에게 문자나 전화로 격려 메시지 보내기

함께 예배드리는 이웃을 위해 중보기도 3일간 실천하기

불편한 사람과 눈 마주치며 인사하기 (작은 관계 회복 시도)

기도 마무리 제안: "주님, 나의 연약함을 사랑하신 것처럼, 나도 형제를 품는 사랑을 실천하게 하소서."

▶9주차 – 사랑 (ἀγάπη, Agapē)

본문: 베드로후서 1장 7절 "형제 우애에 사랑을 더하고"

1. 강의 요약: 무조건적이며 희생적인 하나님의 사랑

아가페(ἀγάπη)는 신약성서에서 가장 깊고 근본적인 사랑의 개념으로, 하나님이 우리에게 베푸신 무조건적이고 희생적인 사랑을 의미합니다. 베드로후서 1장 7절은 '형제 우애'에 '사랑'을 더하라고 권면하며, 이는 공동체 내 관계를 넘어서 모든 인간과 세상을 향한 하나님의 포괄적인 사랑을 지향합니다. 이 사랑은 인간의 노력만으로 이룰 수 없는 신적 성품이며, 성령의 역사로 우리의 마음에 새겨져 실천되어야 합니다. 사랑은 우리 존재의 근본을 바꾸어 놓는 변혁적 힘이며, 영성 훈련의 최종 목표이자 완성입니다.

2. 설교안 요약: "하나님은 사랑이시니…" (요일 4:8)

성경은 하나님을 사랑이라고 선언합니다. 하나님 사랑은 단순한 감정이나 호의가 아니라, 희생적 헌신과 용서, 끊임없는 인내를 포함한 포괄적 사랑입니다. 베드로후서는 이 사랑이 우리 삶 속에서 '형제 우애'와 함께 실천되어야 함을 강조합니다. 이는 공동체와 세상을 변화시키는 힘이며, 믿음의 여정에서 우리가 가장 깊이 닮아가야 할 신적 성품입니다. 오늘날 교회와 개인의 영성 훈련은 이 '사랑'을 매일 삶에서 구체적으로 실천하는 데 초점을 맞추어야 합니다.

3. 나눔 질문지 (소그룹용)

아가페(ἀγάπη)가 여러분의 신앙과 일상에서 어떤 의미로 다가옵니까?

사랑을 실천하는 데 가장 어려운 점과 그 이유는 무엇이라고 생각하십니까?

우리 공동체가 사랑을 더 깊게 실천하기 위해 어떤 노력이 필요하다고 느끼십니까?

지난 한 주간 사랑을 실천한 구체적인 경험이 있다면 나눠주세요.

앞으로 사랑을 구체적으로 실천하기 위해 개인적으로 어떤 다짐을 할 수 있을까요?

4. 리더 교육 포인트

아가페(ἀγάπη)는 조건 없이 주어지는 '신적 사랑'임을 강조해야 합니다. 이 사랑은 감정의 문제가 아니라, 선택과 행동의 문제임을 나누세요. 성령의 도움 없이는 이 사랑을 완전하게 실천할 수 없음을 설명합니다.

훈련 과제 제안:

하루에 한 명에게 의도적인 배려나 봉사의 행동을 실천해보기

용서가 필요한 관계를 위해 기도하고, 용서의 첫걸음을 내딛기

사랑을 주제로 한 성경 구절 암송 및 묵상 실천하기

기도 마무리 제안: "주님, 저희 마음에 당신의 사랑을 새기시고, 그 사랑을 세상에 흘려보내는 도구로 쓰임받게 하소서."

▶10주차: 종합 및 헌신 – 신성한 성품을 향한 지속적 여정

1. 훈련 목표
지난 9주 동안의 여정을 성찰하고 하나님의 인도하심을 기억.
앞으로의 삶 속에서 지속적인 성품 훈련을 위한 개인/공동체적 실천 다짐.
주 안에서 신성한 성품을 살아내는 삶에 헌신하도록 격려.

2. 주요 말씀
요한복음 15:4~5/ 빌립보서 3:12~14/ 베드로후서 1:10~11

3. 지도 포인트
회고와 감사: 각 주차의 핵심 덕목을 요약하며, 성령의 열매 맺음을 돌아보는 시간.
비전의 선언: '신성한 성품의 삶'은 훈련으로 끝나는 것이 아니라, 평생의 제자도와 성화의 삶으로 이어진다는 점 강조.
공동체적 실천: 개인만이 아니라 교회 전체가 신성한 성품으로 살아가는 문화 형성 필요.

4. 나눔 질문
9주 동안 어떤 변화와 깨달음이 있었나요?
어떤 덕목이 가장 도전이 되었고, 어떤 열매가 맺어졌다고 느끼시나요?

훈련을 마친 후에도 내가 실천하고 싶은 한 가지는 무엇인가요?

5. 기도 주제

"하나님, 훈련을 통해 심기운 진리가 열매 맺게 하소서."
"신적 성품을 따라 평생을 살게 하소서."
"우리 공동체가 그리스도의 인격을 담는 성숙한 몸이 되게 하소서."

부가 제안

10주차 마지막에는 헌신의 기도문 작성 시간이나 성품 선언문 낭독식, 혹은 소그룹별 축복기도회를 열어 참여자들의 마음에 깊이 각인될 수 있도록 마무리해 주세요.

각자에게 훈련 수료증 또는 말씀과 덕목이 담긴 책갈피 같은 상징적 기념품을 제공해도 좋습니다.

부록

1. 훈련 수료증 양식 예시

〈수 료 증〉

성명: _____

위 사람은 「신성한 성품을 향한 훈련」 10주 과정에 성실히 참여하여 전 과정을 수료하였기에 이 증서를 수여합니다.

하나님의 성품을 닮은 거룩한 삶을 통해 가정과 교회, 사회에서 그리스도의 향기를 드러내는 주님의 제자로 살아가길 소망합니다.

수료 일자: 202___ 년 ____ 월 ____ 일

주최: 교회명 또는 훈련 부서명

지도자: 담당 목회자/리더 서명 또는 도장

---

2. 신성한 성품 선언문 예시

〈신성한 성품 선언문〉

저는 하나님의 형상을 따라 창조된 존재로서,

성령의 도우심을 따라 신성한 성품에 참여하는 삶을 살아가고자 결단합니다.
저는 믿음의 기초 위에 덕을 세우고,
지식을 더하며, 절제를 익히고,
인내 가운데 경건을 따르며,
형제 우애와 사랑을 실천하는 삶을 살겠습니다.
저는 저의 가정, 교회, 사회에서
하나님의 성품을 드러내며
날마다 주님의 성품을 본받아
성숙한 제자의 길을 걸어가겠습니다.

202___년 ____월 ____일
성명: _____

3. 사명 선언문 예시

〈사명 선언문〉

저는 하나님께서 저를 이 땅에 보내신 뜻을 기억하며,
주님이 주신 은사와 열정을 따라,
저의 삶 전체를 하나님께 드립니다.
저는 제가 속한 가정, 일터, 교회, 사회의 자리에서
주님의 사랑과 진리를 전하며

하나님 나라의 가치를 살아내는 사명자로 살겠습니다.

저의 사명은 곧 저의 존재의 이유이며,

저는 날마다 기도하며 이 사명을 이루기 위해

말씀에 뿌리내리고, 공동체 안에서 성장하며,

세상 속에서 거룩한 영향력을 끼치겠습니다.

202___년 _____월 _____일

성명: _____

4. 수료식 순서 예식자료 (간단한 틀)

순서	내용	담당
1	찬양 (1~2곡)	찬양 인도자
2	개회 기도	훈련 리더
3	과정 회고 영상 or 나눔 (선택)	참여자
4	수료증 수여	담당 목회자
5	성품/사명 선언문 낭독 (1~2명 대표)	참여자 대표
6	축복 기도 및 파송	담당 목회자
7	기념촬영 및 다과 (선택)	전원

공식 예배 형식으로도 가능하며, 소그룹 모임 형식으로도 간소하게 진행할 수 있습니다.

제6장

심화 영성 훈련 과정
-신성한 성품의 삶과 사명을 위한 6주 과정 각 주 차별 리더용 지도 매뉴얼과 참여자용 워크북

훈련 제목: '신성한 성품의 삶: 성령 안에서의 지속적 성장과 사명적 통합'

대상: 기초 10주 훈련 수료자

형식: 워크북 + 소그룹/목회자 매뉴얼 + 수료 자료 포함

1. 6주 커리큘럼 개요

주차	주제	핵심 말씀	중심 덕목/주제 목표
1주차	신성한 성품의 삶과 일상의 영성	골 3:17, 고전 10:31	거룩한 일상/일상생활속 하나님 나라 실천
2주차	가정과 직장에서의 덕목 실천	엡 5:1-2, 골 3:22~4:1	신실함, 책임감/공동체 내 성품 실천 구체화
3주차	교회 공동체와 형제우애	요 13:34-35	형제애, 섬김/ 성품을 통한 교회 내 성숙
4주차	공적 삶과 사회적 책임	미 6:8, 마 5:13-16	공공선, 정의/ 사회 속 선한 영향력 발휘
5주차	다음 세대와의 연결	시 145:4, 딤후 2:2	영성의 공공화/ 삶으로 전수되는 신앙 유산
6주차	사명과 비전의 삶	고후 5:17-20	사명, 소명/ 신성한 성품을 통한 사명 헌신
수료식	성품 선언 & 사명 선언	롬 12:1-2	헌신·훈련의 마무리와 헌신/ 서약

• 수료식 자료

훈련 수료증

(이름/ 교회명/ 훈련명/ 훈련기간 기입)

성품 선언문: "저는 신성한 성품을 삶으로 살아내는 자로 부르심을 받았음을 믿습니다. 성령의 도우심을 따라, 일상과 공동체와 사회 속에서 하나님 나라를 실현하는 삶을 살겠습니다."

사명 선언문: "저는 하나님 나라의 대사로서, 성품으로 이끄는 리더십을 실천하며 다음 세대에 신앙과 삶의 모범을 전하겠습니다."

2. 각 주차별 리더용 지도 매뉴얼과 참여자용 워크북

———————— 1주차 ————————

| 리더용 지도 매뉴얼: 신성한 성품의 삶과 일상의 영성 |

1. 훈련 목표

신성한 성품이란 무엇인지 이해하고, 이를 일상 속에서 어떻게 적용할 수 있는지 깨닫는다.

영성이 일상생활 속에서 지속적이고 통합적으로 구현되어야 함을 인식한다.

일상 속에서 신성한 성품을 실천하는 구체적 방법들을 탐색하고 실천 결단을 한다.

2. 주요 말씀

골로새서 3:12-17/ 마태복음 5:13-16/ 갈라디아서 5:22-23

3. 지도 포인트

신성한 성품의 의미와 성령의 역할에 대한 설명

일상생활(직장, 가정, 대인관계)에서 영성을 실천하는 실제적 방법 소개

믿음과 삶의 통합 강조

참가자들이 자신이 실천할 수 있는 구체적 실천 과제를 작성하도록 유도

4. 나눔 질문

신성한 성품이 당신의 일상에서 어떤 모습으로 나타나고 있나요?

일상생활 속에서 영성을 실천할 때 가장 큰 어려움은 무엇인가요?

오늘 배운 내용을 토대로, 내일부터 실천할 수 있는 한 가지 구체적 행동은 무엇인가요?

5. 기도 주제

성령께서 우리 삶에 역사하여 신성한 성품을 형성하도록 기도

일상의 크고 작은 상황 속에서 하나님의 뜻을 분별하고 실천할 수 있는 지혜를 구함

삶 속에서 하나님의 사랑과 평화를 나타내도록 기도

| 워크북: 신성한 성품의 삶과 일상의 영성 |

1. 말씀 묵상

골로새서 3장 12-17절을 읽고, '하나님의 택하심 받은 자로서 입어야 할 덕목들'을 적어 보세요.

2. 적용 실천 과제

이번 주에 '사랑, 겸손, 온유' 중 한 가지 덕목을 골라 일상에서 실천한 사례를 기록해 보세요.

매일 아침 오늘 실천할 신성한 성품의 덕목을 기도로 결단하세요.

3. 나눔 준비

이번 주에 실천한 내용을 짧게 적고, 어떤 어려움과 기쁨이 있었는지 적어 보세요.

4. 기도문 작성

자신이 실천하고자 결단한 덕목에 대해 간단한 기도문을 써 보세요.

2주차

| 리더용 지도 매뉴얼: 가정과 직장에서의 덕목 실천 |

1. 훈련 목표

가정과 직장이라는 구체적 일상 공간에서 신성한 성품을 어떻게 실천할 수 있는지 이해한다.

'덕목 실천'이 단순한 개인적 도덕성을 넘어 관계 회복과 공동체 형성에 기여함을 깨닫는다.

실생활 사례를 나누며 실천 방안을 모색하고, 자기 삶에 적용하는 결단을 내린다.

2. 주요 말씀

에베소서 5:21-33 (가정 내 관계)/ 골로새서 3:22-4:1 (직장 내 생활)

마태복음 22:37-40 (최대 계명)

3. 지도 포인트

가정과 직장에서 나타나는 갈등과 도전 상황에서 신성한 성품(사랑, 인내, 겸손, 정직 등)을 어떻게 적용할지 구체적으로 설명

'섬김'과 '존중'이 관계 회복의 핵심임을 강조

참가자들이 자신이 속한 가정과 직장의 상황을 솔직하게 나누도록 분위기 조성

실천 가능한 '덕목 목록'을 함께 만들고, 각자 적용 계획을 수립

4. 나눔 질문

가정 혹은 직장에서 가장 어려운 관계는 어떤 것인가요?

신성한 성품이 그 관계 안에서 어떻게 도움을 줄 수 있을까요?

이번 주에 꼭 실천하고 싶은 덕목 하나를 선택해 말해 주세요.

5. 기도 주제

가정과 직장 내 모든 관계가 화목하고 평화롭게 하도록 기도

신성한 성품을 통해 관계가 치유되고 성장하도록 기도

매일의 작은 실천을 통해 하나님의 사랑이 드러나도록 기도

| 워크북: 가정과 직장에서의 덕목 실천 |

1. 말씀 묵상

에베소서 5장 21-33절과 골로새서 3장 22절부터 4장 1절을 읽고, 가족과 직장 관계에서 어떤 덕목들이 강조되는지 적어 보세요.

2. 적용 실천 과제

이번 주, 가족 혹은 직장 내 한 관계에서 '섬김'이나 '존중'을 실천한 경험을 기록하세요.

어려운 상황에서 신적 성품을 실천할 때 느낀 점과 그 결과를 적어 보세요.

3. 나눔 준비

가족이나 직장에서 겪은 갈등 사례와, 그것을 신적 성품으로 어떻게 다루었는지 나눌 준비를 하세요.

4. 기도문 작성

가정과 직장 관계의 회복과 성장을 위한 개인 기도문을 작성하세요.

―――― 3주차 ――――

| 리더용 지도 매뉴얼: 교회 공동체와 형제 우애 |

1. 훈련 목표

교회 공동체 내에서 신성한 성품이 어떻게 구체적으로 나타나는지 이해한다.

형제 우애의 중요성을 깨닫고, 공동체 내에서의 갈등 해소와 화목을 위한 실천 방안을 모색한다.

교회 공동체를 향한 헌신과 봉사의 자세를 회복한다.

2. 주요 말씀

히브리서 10:24-25 (서로 격려하며 모임을 힘쓰라)

요한복음 13:34-35 (서로 사랑하라)

로마서 12:9-21 (사랑과 겸손으로 생활하라)

3. 지도 포인트

교회 공동체가 신성한 성품 훈련의 실천 현장임을 강조

형제 우애와 용서, 겸손, 섬김의 덕목이 공동체를 건강하게 하는 핵심임을 설명

공동체 내 갈등과 문제 사례를 공유하고, 해결책을 함께 고민하도록 지도

교회 내 다양한 봉사와 섬김의 기회를 소개하고 참여를 독려

4. 나눔 질문

교회 공동체에서 경험한 갈등이나 어려움은 무엇인가요?

그때 신성한 성품을 어떻게 적용했거나, 적용하지 못했나요?

형제 우애를 회복하기 위해 무엇을 실천할 수 있을까요?

5. 기도 주제

교회 공동체가 사랑과 화목으로 연합되도록 기도

교회 내 갈등이 치유되고 용서와 화해가 이루어지도록 기도

각자의 봉사와 섬김의 마음이 자라나도록 기도

| 워크북: 교회 공동체와 형제 우애 |

1. 말씀 묵상

히브리서 10장 24-25절과 요한복음 13장 34-35절을 읽고, 교회 공동체 내에서 사랑과 격려가 왜 중요한지 적어 보세요.

2. 적용 실천 과제

이번 주 교회 내에서 봉사하거나 섬긴 경험을 기록하세요.

공동체 내에서 용서하거나 화해한 사례가 있다면 그 경험과 느낀 점을 적어 보세요.

3. 나눔 준비

교회 공동체에서 겪은 갈등이나 아쉬웠던 점, 그리고 그 상황을 어떻게 극복했는지 나눌 준비를 하세요.

4. 기도문 작성

교회 공동체의 사랑과 평화를 위한 기도문을 작성하세요.

―――― 4주차 ――――

| 리더용 지도 매뉴얼: 공적 삶과 사회적 책임 |

1. 훈련 목표
신성한 성품이 개인의 일상에서 사회적 책임으로 확장됨을 인식한다.
사회 속에서 신앙인의 역할과 영향력을 구체적으로 이해한다.
공공선을 위한 실천과 참여를 독려한다.

2. 주요 말씀
미가 6:8 (주께서 요구하시는 것)
마태복음 5:13-16 (세상의 빛과 소금)
야고보서 2:14-17 (행함이 있는 믿음)

3. 지도 포인트
신앙이 단지 개인적 구원에 머무르지 않고 사회적 책임으로 이어져야 함을 강조
공적 삶에서 신성한 성품이 발현되는 구체적 사례 제시
지역사회, 직장, 국가 등 다양한 영역에서의 사회적 책임과 참여 방법 안내
공공선을 위한 봉사와 참여를 위한 교회 차원의 계획 및 활동 소개

4. 나눔 질문
나는 사회 속에서 어떤 신앙인의 역할을 감당하고 있나요?
사회적 책임을 실천하면서 겪는 어려움은 무엇인가요?

앞으로 어떻게 공적 삶을 더욱 신실하게 살아갈 수 있을까요?

5. 기도 주제

사회 속에서 빛과 소금으로 살아가도록 힘과 지혜를 구함

공공선을 위한 실천과 봉사에 대한 헌신과 열정을 위해 사회의 정의와 평화가 이루어지도록 기도

| 워크북: 공적 삶과 사회적 책임 |

1. 말씀 묵상

미가 6장 8절과 마태복음 5장 13-16절을 묵상하며, 내 삶이 사회에 어떻게 영향을 끼치고 있는지 적어 보세요.

2. 적용 실천 과제

이번 주에 지역사회 혹은 직장에서 공공선을 위한 작은 행동을 한 경험을 기록하세요.

사회적 책임을 다하기 위해 개선할 점이나 새롭게 시도하고 싶은 일을 적어 보세요.

3. 나눔 준비

사회 속에서 신앙인의 역할에 대해 생각해본 경험과 앞으로의 각오를 나눌 준비를 하세요.

4. 기도문 작성

공적 삶과 사회적 책임을 다하기 위한 나와 공동체를 위한 기도문을 작성하세요.

―――― 5주차 ――――

| 리더용 지도 매뉴얼: 다음 세대와의 연결 |

1. 훈련 목표

신성한 성품의 삶을 다음 세대에게 전수하는 사명의 중요성을 인식한다.

다음 세대 양육의 실제적 방법과 책임을 이해한다.

교회와 가정에서 다음 세대와의 영적 연결과 소통을 강화한다.

2. 주요 말씀

신명기 6:4-7 (다음 세대에게 가르침)

시편 78:4-7 (하나님의 행적을 자손에게 전함)

디모데후서 2:2 (신실한 사람에게 가르침을 맡김)

3. 지도 포인트

다음 세대를 위한 신앙 교육과 영성 훈련의 필요성 강조

가정과 교회가 함께 협력하여 영적 전수를 책임지는 모델 제시

다음 세대와 소통할 때 필요한 태도와 방법 소개

멘토링, 제자훈련, 공동체 활동 등을 통한 실제적 연결 방안 제안

4. 나눔 질문

나는 다음 세대와 어떻게 신앙을 나누고 있나요?

다음 세대와의 소통에서 겪는 어려움이나 도전은 무엇인가요?

앞으로 어떤 방법으로 다음 세대와 연결하고 돕고 싶나요?

5. 기도 주제

다음 세대를 위한 신앙 전수와 영성 성숙을 위해

가정과 교회가 연합하여 다음 세대 양육에 힘쓰도록

다음 세대가 신앙 안에서 굳건히 성장하도록

| 워크북: 다음 세대와의 연결 |

1. 말씀 묵상

신명기 6장 4-7절과 시편 78장 4-7절을 읽고, 내 삶에서 다음 세대에게 전할 신앙의 핵심은 무엇인지 적어 보세요.

2. 적용 실천 과제

이번 주에 다음 세대와 신앙에 대해 대화하거나 가르친 경험을 기록하세요.

다음 세대를 위해 교회나 가정에서 시도해볼 새로운 활동이나 프로그램을 계획해 보세요.

3. 나눔 준비

다음 세대와의 연결과 양육 경험을 나누고, 도전과 계획에 대해 토의할 준비를 하세요.

4. 기도문 작성

다음 세대와의 신앙적 연결과 양육을 위한 나와 공동체의 기도문을 작성하세요.

6주차

| 리더용 지도 매뉴얼: 사명과 비전의 삶 |

1. 훈련 목표

신성한 성품에 기반한 개인적·공동체적 사명과 비전을 명확히 한다.

성령의 인도하심에 따라 삶을 계획하고 실천하는 태도를 기른다.

사명을 통해 세상에 선한 영향력을 끼치도록 격려한다.

2. 주요 말씀

마태복음 28:18-20 (지상명령과 제자 삼기)

에베소서 2:10 (하나님의 작품으로서의 삶)

골로새서 3:23-24 (주를 향한 성실한 일)

3. 지도 포인트

개인별 사명과 교회 공동체의 비전을 점검하고 나누는 시간 마련

사명 실천을 위한 영성 훈련의 지속성 강조

비전 선언과 구체적 실천 계획 세우기 지도

삶의 모든 영역에서 사명을 감당하는 실제적 전략 안내

4. 나눔 질문

나는 지금 어떤 사명과 비전을 가지고 있나요?

신성한 성품이 내 사명 실천에 어떤 영향을 주고 있나요?

앞으로 어떻게 사명을 구체적으로 실천할 계획인가요?

5. 기도 주제

각자의 사명과 비전을 분명히 알도록

성령의 인도하심을 따라 실천하는 삶을 살도록

교회와 공동체가 함께 사명에 힘쓰도록

| 워크북: 사명과 비전의 삶 |

1. 말씀 묵상

마태복음 28장 18-20절과 에베소서 2장 10절을 묵상하며, 나의 사명과 비전을 적어 보세요.

2. 적용 실천 과제

구체적인 사명 실천 계획을 세우고, 실행 가능한 목표를 작성하세요.

한 주간 매일 사명을 되새기며 기도하는 시간을 가져 보세요.

3. 나눔 준비

자신의 사명과 비전을 그룹과 나누고, 서로 격려할 점을 준비하세요.

4. 기도문 작성

사명과 비전을 이루도록 도움을 구하는 개인 및 공동체 기도문 작성.

부록: 수료식 진행 순서 자료

- 개회 및 환영 인사
- 말씀 봉독 및 설교
- 수료증 수여
- 성품 선언문 낭독 및 서명
- 사명 선언문 낭독
- 대표자 축도 및 폐회

수료증 예시 문구

신성한 성품 훈련 수료증

본인은 신성한 성품 훈련 6주 과정을 성실히 마쳤으며, 이를 통해 신성한 성품의 삶을 살아가고자 결단하였음을 증명합니다.

교회명 _____

수료일 _____

담임목사 / 리더 서명 _____

성품 선언문 예시

저는 오늘 신성한 성품의 훈련을 통해
하나님께 더욱 닮아가는 삶을 살기로 결단합니다.
믿음, 사랑, 희망, 겸손, 인내 등의 성품을 삶 속에 실천하며,
성령의 인도하심을 따라 살아가겠습니다.

사명 선언문 예시

저는 하나님께서 나에게 주신 사명을 기쁘게 받아들이며,
내 삶의 모든 영역에서 하나님의 뜻을 이루기 위해 헌신합니다.
가족, 교회, 사회에서 신성한 성품으로 선한 영향력을 끼치는
그리스도인이 되겠습니다.

제7장

영성 훈련 리더 가이드
–동반자이자 영적 안내자로서의 소명

1. 서론: 리더는 안내자이며 동행자다

영성 훈련 리더는 단순한 강사가 아니라 훈련생의 여정을 함께 걷는 동반자이자, 영적 성숙을 위한 안내자다. 따라서 리더십은 지식 전달이나 활동 운영보다도, 삶의 모범과 관계적 돌봄의 차원에서 이해되어야 한다.

2. 영성 훈련 리더의 정체성과 자세

1) 존재 중심의 리더십
'말하는 리더가 아니라 살아내는 리더
자신의 삶에서 훈련 내용을 먼저 실천하는 본보기적 존재

2) 관계적 리더십
권위적 통제보다 공감과 경청 중심의 동반자적 태도

훈련생의 고유한 영적 여정을 존중하며 인도

3) 사명 중심의 리더십
단기 결과가 아닌 장기적 성품 형성과 공동체 형성을 추구
리더 자신도 영성의 사명 안에서 지속적으로 성장해야 함

3. 구체적 인도 방법과 실습

1) 세 가지 리더의 역할
촉진자 (Facilitator): 강의 내용을 요약하고 질문 유도
멘토 (Mentor): 1:1 상담과 영적 돌봄 제공
조정자 (Coordinator): 일정, 과제, 나눔 구성 등 훈련 관리

2) 매과 인도의 구조
오프닝 기도 (묵상 또는 찬송 포함)
본문 강의 (핵심 개념 요약 및 개인 적용)
소그룹 나눔 (삶의 적용, 고백, 도전)
실천 과제 설명 및 기도 파송

4. 나눔과 실천을 위한 질문 가이드

주제	추천 질문 예시
말씀 묵상	"이 말씀이 지금 내 삶에 무엇을 요구하십니까?"
고난과 영성	"최근 내가 직면한 고난 속에서 하나님은 어떻게 임하셨습니까?"
덕의 실천	"이번 주 실천한 덕목을 통해 어떤 내면의 변화를 경험했습니까?"
공동체	"우리 소그룹에서 서로를 어떻게 더 잘 섬길 수 있을까요?"

5. 도전 상황과 리더의 대응

1) 참여 저조자에 대한 접근
판단보다 공감, 설득보다 기다림
개인적 메시지 또는 비대면 대화 요청

2) 고백과 감정이 과도한 경우
진심으로 경청하되, 조언은 조심스럽게
필요시 전문 상담이나 목회자 연결

3) 공동체 갈등 발생 시
원칙: 개별 대화 → 공동 확인 → 화해의 시간 마련

영적 훈련에서 갈등은 회복과 용서의 기회

6. 리더의 자기관리와 영적 성장

정기적 묵상과 영성 일기 유지
자신의 Mentor 또는 동역자와의 정기적인 점검
훈련 리더 간 모임 또는 리더 세미나를 통한 지속적 성장

7. 결론: 리더는 가르치는 자가 아니라 살아내는 자다

영성 훈련의 진정한 리더는 많은 말을 하는 자가 아니라, 더 깊이 하나님과 동행하며 그 영적 깊이를 나누는 자다. 그러므로 리더 자신이 먼저 신성한 성품의 여정을 걷고자 하는 내적 결단과 공동체적 책임감이 필요하다.

제8장

통합 영성의 실제와 사명
-일상에서 살아내는 신성한 성품

1. 서론: 훈련에서 실천으로

영성은 훈련에서 끝나지 않는다. 오히려 영성의 진정한 검증은 일상 속 실천에서 나타난다. 본 장은 지금까지의 훈련이 어떻게 실제 삶과 사명으로 연결되어야 하는지를 보여주며, '살아내는 영성'의 통합적 구조를 제시한다.

2. 통합 영성의 네 가지 실제 영역

1) 하나님과의 관계 (경건의 실제)
매일 말씀과 기도, 묵상의 습관화
삶의 모든 순간을 하나님의 현존 안에서 인식하는 훈련
고백과 감사, 회개의 순환을 통한 내적 정화

2) 자기 자신과의 관계 (정체성과 자기돌봄)
성령 안에서 나를 있는 그대로 받아들이는 수용의 훈련
신적 성품 안에서 자기 성찰하기: 분노, 질투, 탐욕 등 감정 관리
규칙적인 쉼과 자기 관리

3) 타자와의 관계 (이웃 사랑과의 공동체)
가정, 교회, 일터에서 덕목을 통한 사랑의 실천: 친절, 정직, 온유, 용서
공동체 내의 갈등 조정과 화해 실천
고통받는 자와 함께하는 연대의 영성

4) 세상과의 관계 (사명과 소명)
일상의 자리에서 하나님의 뜻을 분별하는 훈련
직업과 소명을 분리하지 않고 '일 속의 사명'을 인식
창조 질서 회복과 사회적 책임: 정의, 환경, 평화, 선교

3. 사명으로서의 통합 영성: '신성한 성품'의 사회적 확장

영성은 사적인 차원을 넘어서 공적인 차원으로 확장되어야 함
'신성한 성품'은 개인의 구원이나 거룩만이 아니라, 이 세상 안에서 하나님 나라의 가치를 구현하는 소명
통합 영성은 곧 사명적 삶의 스타일

차원	훈련 내용	실천 방식
존재적 차원	신성한 성품의 내면화	덕목 훈련, 영성 일기, 자기 성찰
공동체적 차원	서로를 살리는 공동체	고백, 용서, 공감, 돌봄의 실천
사회적 차원	정의와 창조 질서의 회복	직장, 사회참여, 윤리적 소비
선교적 차원	세상 속에서의 하나님 나라 증언	관계 전도, 사회적 섬김

4. 일상의 영성 실천: 훈련 이후의 삶

1) 영성 유지 계획 세우기

개인 묵상 루틴, 소그룹 지속 참여, 정기 리트릿

2) 자기 점검 질문

"나는 점점 더 사랑이 많은 사람이 되어가는가?"

"내가 자주 분노하는 상황은 무엇이며, 왜 그런가?"

"이번 한 주, 나는 누구에게 하나님의 사랑을 전했는가?"

3) 동역자와의 지속적 동행

2인 1조의 멘토링 또는 동반자 관계

삶의 변화와 실천을 함께 나누는 정기 모임

5. 결론: 영성은 삶의 방식이며, 사명은 실천의 자리다

'신성한 성품'을 닮아가는 영성은 결국 삶을 변화시키고, 그 삶은 다시 세상을 변화시키는 사명으로 이어진다. 이제 훈련은 끝났지만, 영성은 지금 시작된다. 영성은 삶이다.

제9장

통합적 영성 훈련과 사명 중심 영성 자료

1. 참여자용 워크북 활동지(질문과 실천 과제)

통합적 영성 훈련과 사명 중심 영성

묵상 구절: 요한복음 20장 21절
"아버지께서 나를 보내신 것 같이 나도 너희를 보내노라"

1) 나눔 질문
내가 지금까지의 영성 훈련 여정을 통해 가장 깊이 경험한 변화는 무엇인가요?

하나님께서 나를 '보내신 자리'는 어디라고 생각하십니까? (가정, 일터, 지역사회 등)

나의 직업과 일상 속에서 하나님의 나라를 어떻게 구현할 수 있을까요?

지금 내가 책임져야 할 '사회적 약자'는 누구입니까? 내가 해야 할 실천은 무엇인가요?

나의 삶 전체가 복음이 되기 위해 어떤 변화가 필요하다고 느끼십니까?

2) 실천 과제

이번 주간, 자신이 소속된 '삶의 현장' (예: 가정, 직장, 학교)에서 하나님 나라의 가치를 실천할 수 있는 구체적인 행동을 계획해 보십시오.

아래 양식에 따라 작성한 후, 소그룹에서 서로 나누고, 1주일 후 다시 돌아보며 점검합니다.

구체적 실천 항목/ 실천 이유/ 계획한 날짜 및 방법/ 실천 결과 (다음 주 점검)

예) 회사 동료를 식사에 초대하고 경청하기, 복음의 따뜻함을 나누기 위해 수요일 점심, 사전 약속 후 (작성 후 소그룹에서 나눔)

3) 기도문

"주님, 저를 부르실 뿐 아니라 세상으로 보내신 당신의 뜻을 깨닫습니다. 이제 더 이상 저만을 위한 성장이 아니라, 세상을 향한 순종의 걸음을 내딛게 하소서. 가정에서, 일터에서, 만나는 모든 이들과의 관계 속에서 그리스도의 향기를 드러내게 하시고, 저의 존재 전체가 복음이 되게 하소서. 보내신 주님의 사랑을 이 땅에서 살아내는 제자가 되게 하옵소서. 아멘."

2. 리더용 주간 강의안·설교안

주제: "보냄받은 영성, 사명의 삶"
본문: 요한복음 20장 21절
 "아버지께서 나를 보내신 것 같이 나도 너희를 보내노라"

강의 목적
성숙한 영성은 개인의 내면 수양에 머무르지 않고, 세상 속으로 파송되는 삶으로 연결된다는 점을 강조한다.

그리스도인의 영성은 궁극적으로 사명 중심적이어야 하며, 이는 삶 전체의 방향과 정체성의 문제임을 깨닫도록 돕는다.

'보냄받은 자'로서의 삶은 소명, 직업, 일상, 공동체 속 실천을 포함한다.

강의 개요
① 예수의 부르심과 보냄 (요 20:21)

예수께서 부활 후 제자들에게 하신 말씀: "나도 너희를 보내노라"는 선언은 '영성의 완성은 파송'이라는 진리를 내포.

그리스도인의 삶은 '부름받음'과 '보냄'의 이중 구조로 되어 있음.

영성 훈련의 최종 목적은 '세상 속 그리스도의 증인'으로 살도록 변화되는 것.

② 통합 영성의 결실: 사명 중심 삶

지금까지의 훈련(덕목 훈련, 성령과의 연합, 말씀과 기도 등)은 자신을 준비시키는 과정.

준비된 자는 이제 '보냄받은 자'로서의 정체성을 살아야 함.

예수께서 말씀하신 '세상의 빛과 소금'은 단순한 수식이 아닌 실천적 명령.

③ 보냄받은 삶의 구체적 영역

가정: 가장 가까운 사명의 현장. 사랑과 섬김의 자리.

직업과 일터: 하나님의 나라를 구현하는 사명의 장.

교회 공동체: 다른 이들을 훈련시키는 '제자 삼는 삶'의 현장.

지역 사회와 세계: 사회적 약자를 위한 정의, 평화, 돌봄의 사역.

〈적용을 위한 제안〉

자기 사명 선언문 작성하기: "저는 하나님이 보내신 자로서 _____의 자리에서 _____을 위해 살아가겠습니다."

공동체 실천 계획 세우기: 소그룹 단위로 '우리의 사명을 실천할 프로젝트' 만들기.

④ 기도 포인트

나를 보내신 하나님의 뜻을 분별하는 지혜를 달라고 기도합니다.

제가 있는 삶의 자리가 사명의 현장임을 깨닫게 해 주십시오.

주님의 사랑과 정의를 실천할 용기와 능력을 주소서.

3. 소그룹 리더용 나눔 질문지 및 진행 가이드

주차 주제: "보냄받은 영성, 사명의 삶"
소그룹 나눔 흐름 (총 60~75분)

1) 시작 기도 및 환영 (5분)
한 사람이 기도로 모임을 시작합니다.
새로 온 이가 있다면 따뜻하게 환영 인사를 나눕니다.

2) 아이스브레이킹 질문 (5분)
"이번 주에 가장 의미 있게 느꼈던 순간은 언제였나요?"
"당신이 '사명을 위해 살고 있다'고 느꼈던 경험이 있나요?"

3) 말씀 나눔 (20분)
요한복음 20장 21절
"아버지께서 나를 보내신 것 같이 나도 너희를 보내노라"

나눔 질문
이 구절을 읽고 마음에 가장 와닿는 단어는 무엇인가요? 왜 그렇습니까?
예수님의 '보내심'은 우리에게 어떤 책임감을 느끼게 합니까?
내 일상에서 '보냄받은 자'로 살아간다는 것은 구체적으로 어떤 의미인가요?

4. 적용 나눔 (25분)

적용 질문

내가 현재 속한 자리(가정, 직장, 학교 등)는 어떤 사명의 장인가요?

지금 나의 영성 훈련이 나를 어떤 사명의 자리로 이끌고 있다고 생각하나요?

나의 삶에 하나님의 '보내심'을 적용하기 위해 이번 주 실천할 수 있는 한 가지는 무엇인가요?

5. 공동 실천과 기도 (10~15분)

함께 실천 제안

"사명의 삶을 살아가는 한 가지 실천 계획"을 소그룹 단톡방이나 메모지에 서로 공유합니다.

다음 주 모임 전에 실천한 것을 짧게 나눌 수 있도록 격려합니다.

합심 기도 제목

하나님께서 저를 보내신 삶의 자리에서 사명을 감당하게 해 주소서.

우리 소그룹이 함께 세상의 빛과 소금이 되게 해 주소서.

각자의 삶이 하나님의 부르심과 보내심에 충실하도록 은혜를 주소서.

제10장

소그룹 리더 교육자료 및 지도 가이드

주제: "사명 중심 영성 지도법 - 보냄받은 삶의 영성"

1. 교육 목표

리더들이 '사명 중심 영성'의 핵심 개념을 이해한다.

참여자들이 각자의 삶 속에서 사명을 실천하도록 도울 수 있는 리더십 역량을 개발한다. 통합 영성 훈련의 마지막 단계에서 참여자들이 삶의 방향성과 헌신을 확정하도록 돕는 방법을 숙지한다.

2. 핵심 개념 정리

구분	설명
보냄받은 영성	예수께서 제자들을 세상으로 보내신 것처럼, 우리 각자는 하나님의 뜻 안에서 삶의 자리로 '보냄받은 존재'임을 자각하는 영성
사명 중심 훈련	영성 훈련이 내적 성장에 머무르지 않고, 이웃 사랑과 세상 섬김, 복음적 사명으로 열매 맺도록 이끄는 훈련 방향
통합 영성의 결실	덕과 성령의 조화를 통해 삶 전체가 하나님의 뜻 안에 통합되고, 그 결과로 '소명과 사명'이 분명해짐

3. 리더 역할 가이드

공감하는 리더

참여자의 직업, 일상, 고민이 하나님의 사명 안에서 어떤 의미를 가지는지 진심으로 들어주고 인정합니다.

말보다 '경청'을 우선하고, 참여자의 정체성과 가치를 강화하는 언어를 사용합니다.

사명 연결자 역할

모든 소그룹 대화에서 '그래서 이 일이 당신의 사명과 어떤 관련이 있을까요?'라는 질문을 잊지 마십시오.

세속적 성공과 복음적 사명을 구별하는 훈련이 필요합니다.

훈련 이행 코치

개인적 실천 계획에 대해 매주 짧게 피드백하고, 실천이 막힐 때 현실적인 대안을 제안합니다.

"작은 실천도 하나님의 일이다"라는 관점을 강화하십시오.

4. 실행 팁

실천 적용 시간에 "이런 상황에서 예수님이라면 어떻게 하셨을까요?"라는 질문을 던져보세요.

나눔이 막힐 경우 "당신의 일상 중 가장 바쁜 시간은 언제인가요?

그 바쁨 안에서 하나님은 어떤 메시지를 주셨을까요?"와 같은 질문으로 풀어낼 수 있습니다.

가능하다면 각자의 소명을 1문장으로 요약해보게 하십시오.

예) "나는 일터에서 정직함으로 하나님의 빛을 드러낸다."

부록 1: 통합 커리큘럼 마무리 안내

• 목적

훈련 여정을 함께한 참여자들이 자신의 성찰과 헌신을 공동체 속에서 마무리하고, 이후의 삶 속에서 사명 중심 영성을 지속적으로 살아갈 수 있도록 돕는 데 있습니다.

• 구성 안내

항목	내용
1. 성찰 보고서 작성	참여자 각자가 12주 동안의 여정을 돌아보고, 삶의 변화와 남은 과제를 기술합니다. (A4 1~2장 권장)
2. 개인 영성 선언문 작성	'나의 영성 실천 계획'이라는 제목으로 3개월, 6개월, 1년 실천 항목을 구체적으로 설정하도록 유도합니다.
3. 소그룹 나눔 파이널	마지막 주에는 각자의 선언문을 소그룹에서 낭독하고, 서로를 위한 중보기도와 격려의 시간을 갖습니다.
4. 공동 파송 기도회	전체 훈련 참여자와 리더들이 함께 모여 파송 예배 혹은 졸업 예배 형식으로 마무리합니다.

부록 2: 졸업 예배 및 파송식 예시안

• 예배 순서 (예시)

순서	내용
묵도 및 찬송	"주의 길을 걸어가는 자" "나를 통하여" 등 사명 관련 찬송
대표 기도	훈련자 중 한 명이 '삶의 자리로 보내심'을 주제로 기도
말씀 선포	제목: "세상 한가운데로 보냄받은 사람들" (요 20:21 또는 마 5:13-16)
소감 나눔	2~3명의 훈련자 발표 (성찰 요약, 변화, 앞으로의 비전 등)
파송식	인도자(목회자 또는 리더)가 훈련자 각자의 사명을 언급하며 기도 및 선포
축도 및 파송	목회자 축도 후 "우리는 세상의 빛입니다!" 응답 구호로 마무리

부록 3: 참여자 후기 모음 요청 양식

• 작성 안내

항목	예시 질문
1.	훈련 전 나의 영적 상태는 어땠습니까? 솔직한 고백 유도 (예: 기도에 대한 거리감, 신앙의 형식화 등)
2.	훈련 중 가장 인상 깊었던 순간은 언제였습니까? 한 주차의 주제, 나눔, 말씀, 실천 사례 중 택 1
3.	지금 나는 어떤 변화를 경험했습니까? 덕의 습관, 기도 시간의 변화, 공동체에 대한 인식 등
4.	이후 내 삶에서 어떻게 이 영성을 이어갈 계획입니까? 구체적인 삶의 자리 언급 (가정, 직장, 교회, 사회 등)
5.	다른 이들에게 이 훈련을 어떻게 추천하시겠습니까? 자유 서술식 (선택 사항)

이 자료들을 통해 훈련 전체가 단순한 프로그램이 아니라 삶의 전환점이자 파송의 순간으로 귀결되기를 바랍니다.

제11장

결론: '신성한 성품'으로서의 영성
– 신학과 삶의 통합을 향하여

　본서는 한국 개신교 영성 신학의 새로운 지평을 열기 위해 베드로후서 1장 5~7절에 나타난 8가지 덕목을 중심으로 '신성한 성품'으로서의 영성을 재정립하고, 이를 토대로 통합적 영성 훈련 커리큘럼을 제시하였다.
　현대 사회는 영성에 대한 다양한 요구와 도전을 마주하고 있다. 개인주의적 자기 계발, 감정 중심의 영성, 그리고 탈종교화 현상 속에서 교회는 본질적이고도 실천적인 영성 신학을 재구성할 필요가 있다. 이때 '신성한 성품'으로서의 영성 개념은, 단순한 신비 체험이나 외적 행위에 머무르지 않고, 하나님과의 깊은 연합 안에서 내면의 성품이 변화되고, 그 변화가 일상과 공동체, 그리고 세상 속에서 구체적으로 드러나는 '삶의 변화'임을 강조한다.
　베드로후서의 8가지 덕목은 믿음에서 사랑에 이르는 덕목들이 연속적이며 단계적인 '영성의 사다리'임을 보여준다. 이 덕목들은 각기 하나님과의 관계뿐 아니라 이웃과 공동체를 향한 신앙인의 책임과 사명을 함축하고 있다. 믿음은 영성 훈련의 출발점이며, 사랑은 완성점으로, 이 사이의 덕목들은 신앙인의 내면과 행동, 인격 형성을 위한 필수 요소들이다.

　본서는 이러한 신학적 통찰을 바탕으로 실제적인 영성 훈련 커리큘럼과 리더십 가이드북을 개발하여, 개인과 공동체가 함께 '신성한 성품'을 체득해 가는 구체적인 방법론을 제시했다. 훈련은 단계적이며 실천 중심으로 설계되어, 이론과 경험, 그리고 사명 수행이 통합되는 '영성의 현장'을 구축하도록 돕는다.

　특히 한국 교회의 영성 운동은 전통적 신앙과 현대적 삶의 간극을 메우는 데 중요한 역할을 해야 한다. 본서의 통합적 영성 신학은 역사적 성경적 근거 위에 현대적 적용을 조화시켜, 교회가 성령 안에서 성숙하고 부흥하는 데 기여할 것이다.

　결국 영성은 단지 신앙인의 개인적 수련이 아니라, 교회 공동체와 사회를 변화시키는 '하나님의 선교적 행위'임을 재확인한다. '신성한 성품'으로서의 영성의 여정은 하나님 나라의 확장과 세상의 빛과 소금의 역할을 감당하는 구체적인 삶의 실천이다.

　본서가 제시한 통합적 영성 신학과 훈련 프로그램을 통해 한국 교회와 신앙 공동체가 깊이 뿌리내리고, 성령의 능력과 하나님의 은혜로 충만한 참된 영성의 길을 걸어가기를 소망한다.

　하나님께서 부어 주시는 신적 성품이 우리 각자의 삶과 공동체 안에 충만하여, 이 땅에서 그리스도의 향기가 풍성히 나타나는 역사가 계속되기를 기도한다.

부록

부록 1

통합 영성 실천 자료 모음

1. '덕목 실천 일지' 양식

    매일 실천 덕목 한 가지 선정

    적용 상황 기록

    실패 시 이유 및 회복 방안

2. '공동체 영성 점검표'

    소그룹 리더용 평가도구

    항목: 말씀 나눔, 기도 생활, 공동 실천, 배려와 경청, 돌봄 사역 등

3. '사명 선언문 가이드'

    나의 부르심, 현재 삶의 영역, 비전 요약

    구체 목표와 1년 내 실천 항목 설정

4. '가정 영성 점검표'

    기도 시간, 말씀 묵상, 용서 실천, 자비 나눔 등 10개 항목 자기 점검

1. 덕목 실천 일지

목적: 각 주차별로 훈련한 신성한 성품(덕목)을 일상 속에서 실천하고 성찰하는 일지를 제공하여 개인적 습관 형성과 내면화 유도.

구성

날짜: 매일 또는 주 3회 이상 작성 권장

오늘 실천할 덕목(예: 절제, 인내, 경건 등)

해당 주차의 주제 중심으로 선택

적용 상황 계획: "이 덕목을 어디에서 실천할 것인가?"

  예) "출근길 지하철에서 인내 실습", "가정에서 자녀와의 대화에서 절제 실천"

실천 내용 기록: 실제 실행한 상황, 말, 행동 기록

실패·성찰 코너: 어려웠던 점, 유혹, 유익했던 교훈 기록

다음 실천에 대한 결단: "내일은 어떻게 실천할 것인가?"

감사와 기도: 짧은 감사 기도 작성

2. 공동체 영성 점검표

목적: 소그룹 또는 교회 전체가 건강한 영성 생태계를 유지하고 있는지를 정기적으로 점검

점검 주체: 소그룹 리더/ 담임 목회자/ 영성 디렉터 또는 참여자 스스로

주요 항목 (5점 척도 / 월 1회 점검)

항목	설명	점수
1. 말씀 나눔의 진정성	삶과 연결된 말씀 나눔이 있는가?	1~5
2. 공동 기도의 깊이	서로를 위한 중보기도가 있는가?	1~5
3. 배려와 경청의 문화	경청과 존중의 태도가 자리잡았는가?	1~5
4. 영적 책임의식	서로의 성장에 책임을 지고 있는가?	1~5
5. 자비 실천 활동	나눔과 섬김이 공동체에 나타나는가?	1~5
6. 삶의 변화 사례	구체적 삶의 변화가 관찰되는가?	1~5

평균 점수로 진단하고, 리더들은 다음 달 목표를 세움

3. 사명 선언문 가이드

목적: 훈련의 결실로 자신의 영적 사명과 삶의 방향성을 정리하여, 일상과 소명을 통합할 수 있게 돕는 문서

구성: 하나님의 나를 향한 부르심은 무엇인가?

예) "하나님의 사랑을 이웃에게 전달하는 자", "정직한 경영인으로서 복음 전도"

현재 내가 속한 사명의 영역

예) "가정", "직장", "교육 사역", "문화 예술계"

내 삶의 가치와 비전 요약: 3~5줄의 선언문 형태로 작성

예) "나는 직장과 가정에서 그리스도의 성품을 드러내는 사랑의 증인입니다."

1년 내 실천 목표

예) "가정 예배 50회 실천", "동료 3명에게 복음 전하기", "지역 봉사 12회 참여"

사명 실행 점검 주기: 월간 또는 분기별 점검일 지정

4. 가정 영성 점검표

목적: 가정 단위의 영성 실천을 구체적으로 점검하여 '성령 안에서의 가정' 형성을 도모

점검 주기: 매월 1회 / 가족 공동으로 점검

항목 예시 (10개 항목, 항목별 체크 또는 점수화 가능)

항목	설명
1. 가정 예배 실천 여부	주 1회 이상 가정 예배
2. 함께하는 기도 시간	부부·부모-자녀 기도 실천
3. 말씀 나눔	주 1회 이상 말씀 묵상 또는 나눔
4. 용서와 화해 문화	갈등 발생 시 신속한 화해
5. 감사 표현 생활화	가족 간 감사의 말 실천
6. 자비 실천	가정의 자비 사역 또는 나눔
7. 봉사·선교 참여	가족이 함께하는 섬김 또는 후원
8. 정직한 삶의 태도	진실함을 가정 가치로 실천
9. 경건한 미디어 사용	미디어 소비에 대한 절제 실천
10. 주일 준수	주일의 거룩한 구분 실천 여부

점검 결과를 가족과 함께 나누고, 월간 '가정의 비전'도 함께 기도하며 설정

부록 2

영성 평가 도구 샘플

1. 개인용 영성 평가 도구 샘플

1) 영성 습관 점검표 (주간 자기 점검)

영성 습관	이번 주 실천 빈도 (0~5)	실천의 질과 느낌 (간단한 메모)
1. 기도		
2. 묵상 및 성경읽기		
3. 경건 독서		
4. 금식		
5. 예배 참석		
6. 봉사와 섬김		
7. 감사 고백		
8. 침묵과 고요		
9. 영적 일기 쓰기		
10. 타인과 나눔		

점수 0 : 전혀 하지 않음, 5 : 매우 규칙적이고 깊이 있게 실천함

2) 덕목별 자기 평가 질문지

예) 믿음

나는 어려운 상황에서도 하나님을 신뢰하는 마음을 유지하려 노력한다. (전혀 그렇지 않다 1 ~ 매우 그렇다 5)

내 삶에서 믿음이 행동으로 드러나는 경우가 얼마나 자주 있는가? (거의 없음 1 ~ 매우 자주 5)

믿음이 흔들릴 때 나는 어떤 방식으로 회복하려 하는가? (자유 서술)

예) 사랑

나는 주변 사람들을 진심으로 사랑하고 배려하는가? (1~5 점)

갈등 상황에서 사랑으로 대하려는 노력이 있는가? (1~5 점)

최근 누군가를 위해 희생하거나 헌신한 경험을 기록해 보라. (자유 서술)

3) 영성 성장 그래프

1개월, 3개월, 6개월 후 점수 변화 기록

각 덕목별 점수를 시각적으로 표시해 성장 곡선을 그려봄

2. 공동체용 영성 평가 도구 샘플

1) 소그룹 영성 평가 설문지 (익명)

우리 소그룹은 서로의 영성 성장을 적극 격려하고 있다. (1~5점)

소그룹 모임에서 기도와 경건의 시간이 충분하다. (1~5점)

공동체 내에서 사랑과 인내가 실제로 드러난다. (1~5점)

소그룹 리더는 영성 훈련을 잘 이끌고 있다. (1~5점)

추가 건의사항이나 요청사항(자유 서술)

2) 영성 훈련 프로그램 피드백 양식

훈련 내용의 이해도 (1~5)

강사의 전달력 (1~5)

훈련 후 개인 영성 변화 체감 정도 (1~5)

앞으로 다루었으면 하는 주제(자유 서술)

3) 공동체 덕목 점검표

덕목	실천 사례	강점	개선점 및 목표
믿음			
절제			
인내			
경건			
사랑			

3. 활용 안내 및 권장 사용법

평가 주기: 개인은 매주 또는 매월, 공동체는 분기별

평가 결과 기록 및 나눔: 평가 후 결과를 기록해 리더와 소그룹과 공유

개선 계획 세우기: 평가 결과에 따른 구체적 훈련 목표 설정

성장 점검 모임: 3~6개월마다 영성 성장 점검 및 피드백 모임 개최

부록 3

추천 도서 목록

1. 기독교 영성 입문서
① 알리스터 맥그래스,『기독교 영성 베이직』, 김덕천 역, 대한기독교서회, 2006.
② M. 로버트 멀홀랜드,『예수를 닮아가는 영성 여행 길라잡이』, 서원교 역, 살림, 2008.
③ 목회와 신학 편집부,『기독교와 영성』, 목회와 신학 총서 2, 두란노아카데미, 2010.
④ 임영수,『영성과 삶』, 홍성사, 2007.

2. 영성 신학 개론서
① 아서 홀더 편,『기독교 영성 연구』, 권택조 외 4인 역, 기독교문서선교회, 2017.
② 유해룡,『영성의 발자취』, 장로회신학대학교출판부, 2011.
③ 정지련,『영성신학』, 도서출판쿰, 2024.

3. 기독교 영성 사전
고든 S. 웨이크필드 편,『기독교영성사전』, 엄성옥 역, 은성, 2002.

4. 기독교 영성사
① 버나드 맥긴 외 2인,『기독교 영성(1)』, 유해룡 외 3인 역, 은성출판사, 1997.

② 질 라이트 외 2인,『기독교 영성(2)』, 이후정 외 2인 역, 은성출판사, 1999.
③ 루이스 두프레/돈 E. 세일러즈,『기독교 영성(3)』, 엄성옥/지인성 역, 은성출판사, 2001.
④ 제럴드 싯처,『영성의 깊은 샘』, 신현기 역, 한국기독학생회출판부, 2016.
⑤ 이후정,『이후정 교수가 쉽게 쓴 기독교 영성 이야기』, 신앙과지성사, 2013.
⑥ 전달수,『그리스도교 영성 역사』, 제1~2권, 가톨릭출판사, 2003, 2005.
⑦ 정용석 외 5인 역,『기독교 영성의 역사』, 은성, 1997.
⑧ 정원범 편,『기독교 영성과 윤리』, 한들출판사, 2012.

5. 사막 교부의 영성
유재경,『사막 교부 영성 톺아보기』, 기독교문서선교회, 2017.

6. 종교개혁 시대의 영성
알리스터 맥그라스,『종교개혁시대의 영성』, 박규태 역, 좋은씨앗, 2005.

7. 개혁주의의 영성
① 신현수,『개혁주의 영성』, 목양, 2011.
② 하워드 L. 라이스,『개혁주의 영성』, 황성철 역, 기독교문서선교회, 1995.

8. 청교도의 영성

조엘 R. 비키,『개혁주의 청교도 영성』, 김귀탁 역, 부흥과 개혁사, 2009.

9. 웨슬리의 영성

① 권희순,『웨슬리 영성수련 프로그램』, KMC, 2011.

② 이후정,『성화의 길-오늘을 위한 웨슬리의 영성』, 대한기독교서회, 2001.

③ 이후정,『웨슬리와 초대 교부 영성』, 신앙과지성사, 2019.

10. 조직신학에서의 영성

한국조직신학회 편,『조직신학 속의 영성』, 한국조직신학회 논총 7집, 대한기독교서회, 2002.

11. 정교회의 영성

정교회의 익명의 수도사,『정교회 영성』, 최대형 역, 은성, 2004.

12. 기독교 영성 생활 잠언집

임영수,『영성 생활을 한다는 것』, 두란노, 2017.

부록 4

신약성서에 나타난 '소박한 신인협동설'에 관한 연구
- 서신서들을 중심으로 -

I. 서론

일반적으로 '스스로 자라나는 씨의 비유'로 불리는 마가복음 4장 26~29절은 이른바 '신단동설(monergism)'을 위한 중요한 근거 구절로 사용되고 있다. 다시 말해서, 예수는 이 비유를 통해 하나님 나라는 인간의 참여 없이 오직 하나님의 행동에 의해서만 이루어진다는 점을 강조했다는 것이다. 이 비유에 대한 이러한 이해는 특히 변증법적 신학자들에 의해 널리 보급되었고, 오늘날에도 많은 학자들에 의해 받아들여지고 있다.

그러나 1994년에 독일의 신약학자 타이쎈(G. Theissen)은 이러한 입장과는 다른 관점에서 보는 중요한 논문을 발표한 바 있다.[1] 이 논문에서 그는 예수가 신단동설을 주장한 분이 아니라, 소위 '소박한 신인협동설'(naive synergism)[2]을 주장한 분이라는 점을 강조한다. 이를 위해 그

---

1 G. Theissen, "Der Bauer und die von selbst Frucht bringende Erde: Naiver Synergismus in MK 4, 26~29?," *ZNW* 85 (1994), 167~182.
2 이 용어는 단순히 신과 인간의 협력으로 인간 구원이 이루어진다고 말하는 '신인협동

는 이 비유의 이미지(Bild) 재료 선택과 '행위자 구조(Aktantenstruktur)', 그리고 이 비유의 '행동구조(Handlungsstruktur)'에 대한 자세한 분석을 통해 설득력 있게 논증을 잘 해주었다.

    필자는 타이쎈의 이러한 입장에 동의하면서 이 '소박한 신인협동설'이 신약의 다른 문서들에도 나타나는지에 대해 더 관심을 갖게 되었다. 필자는 본 논문에서 신약의 서신서들을 중심으로 우리의 주제에 대해 탐구하고자 한다. 이를 위해 필자는 먼저 우리말 '신인협동설'의 영어 상응어인 synergism의 어원인 그리스어 συνεργός와 συνεργεῖν이 그리스권과 초기 유대교 그리고 신약성서에서 어떤 의미로 사용되었는지를 살펴본 후, 목회서신과 요한계시록에 나오는 '소박한 신인협동설'에 대해 고찰하고자 한다.3

II. 단어군 συνεργός / συνεργεῖν에 대한 분석

1. 그리스권에서의 συνεργός와 συνεργεῖν의 용례

    일반 그리스어에서 συνεργός는 '조력자', '협력자(동역자)', '동업

    설'과 구분된다. 여기서는 구원의 이니셔티브가 하나님께 있다는 것을 인정하면서도 구원의 전과정에서 하나님의 은혜에 대한 응답으로서 인간의 참여도 생각하는 것이다. 따라서 여기서는 인간 구원을 하나님의 선물인 동시에 자유 안에서 이루어지는 과제로 보는 것이다. 위에서 언급한 막 4:26~29의 비유로 표현하면, 식물을 자라게 하는 것은 땅이지만 식물의 씨를 뿌리는 농부의 역할도 인정하자는 것이다. 다시 말해서 만일 이 비유가 신단동설을 주장하려면 이미지 재료로서 경작식물이 나오면 안 되고 야생식물이 나와야 한다는 것이다.

3   빌 2:12~13; 4:8, 9도 여기에 포함시킬 수 있으나, 이 구절들은 매우 논란이 많은데다가 지면 관계상 본 논문에서는 생략하기로 한다.

자'라는 뜻을 지닌 명사이고, 이로부터 유래하는 동사 συνεργεῖν은 '함께 일하다', '협력하다', '도와주다'라는 뜻을 지니고 있다.[4] 여기서 이 단어들의 사용 스펙트럼은 매우 넓다.

우선 명사 συνεργός는 인간들 간의 협조자 및 동료에 대해 언급하는 텍스트들에서 사용되는 것을 볼 수 있다.[5] 그러나 플라톤은 『향연』[6]에서 에로스보다 인간의 본성을 더 잘 도와주는 것을 쉽사리 찾을 수 없다고 말할 때 이 명사를 사용한다. 그리고 그는 『카르미데스』[7]에서도 이 명사를 사용하는데, 여기서는 우리에게 무지가 슬며시 일어나는 것을 신중함이 막아준다고 말할 때 무지를 협력자로 표시한다. 또한 에우리피데스와 아리스토파네스의 작품들에서는 인간을 도와주는 신들에 대해서[8] 말할 때 이 명사를 사용하는 것을 볼 수 있다.

동사 συνεργεῖν은 아리스토텔레스의 『니코마코스 윤리학』[9]에서 볼 수 있는데, 여기서는 용감한 자들이 명예스러운 일을 위해 행동할 때 격정이 그들에게 협력한다고 말할 경우 이 동사가 사용된다. 이와 달리

---

4 H. G. Liddell and R. Scott, *A Greek - English Lexicon* (9th ed.; Revised Supplement; H. S. Jones and R. McKenzie; Oxford: Clarendon Press, 1968), 1711~1712.

5 Dionys. Hal. *Ant. Rom.* 7.7.1; Polyb. 21.31.12; Plut. *Arat* 33.1; Cass. Dio 59.25.7. M. M. Mitcell, *Paul and the Rhetoric of Reconciliation: An Exegetical Investigation of the Language and Composition of 1 Corinthians* (HUT 28; Tübingen: J. C. B. Mohr (Paul Siebeck), 1991), 91, 주 208 참조.

6 212b.

7 173d.

8 Eur. Ion 48, *Medea* 396, Hippolytus 525,676; Aristoph. *Equites* 588. 여기서는 συνεργός와 ξυνεργός가 동의어로 사용되고 있다. W. H. Ollrog, *Paulus und seine Mitarbeiter: Untersuchungen zu Theorie und Praxis der paulinischen Mission* (WMANT 50; Neukirchen-Vluyn: Neukirchener Verlag, 1979), 64, 주 5; E. J. Richard, *First and Second Thessalonians* (SPS 11; Collegeville: The Liturgical Press, 1995) 150 참조.

9 III. 8. 1116b. 31.

다른 곳에서는 인간이 행동할 경우 이성이 협력한다고 할 때,[10] 그리고 형제 사랑의 속성을 말할 때[11] 이 동사가 사용되기도 한다. 또한 플로티누스는 유능한 사람들이 다이몬(δαίμων)의 협력을 받는다고 말하는 경우[12]와 인간이 무엇을 볼 때 몸이 협력한다고 말하는 경우[13] 이 동사를 사용한다. 그리고 이방적인 파피루스와 기독교적인 파피루스 사료들에서는 신의 협력 또는 도움에 대해서 말할 때 이 동사가 사용된다.[14]

2. 초기 유대교에서의 συνεργός와 συνεργεῖν의 용례

1) 칠십인 역

히브리어 구약성서에는 우리의 단어들에 해당하는 상응어가 없으나, 칠십인 역에는 명사 συνεργός가 2번, 동사 συνεργεῖν이 2번 나타난다. 명사가 나타나는 2마카 8장 7절에서는 밤이, 2마카 14장 5절에서는 때가 조력자로 나타나는데, 여기서는 이 단어가 실질적으로 사용되지 않고 좋은 기회를 말하기 위해 사용되는 것을 볼 수 있다.[15] 그리고 동사가 나타나는 1마카 12장 1절에서는 바로 위에서 언급한 2마카 14장 5절에서처럼 때가 조력자로 나타나며, 1에스 7장 7절에서는 코일레 시리아와 페니키아의 총독인 닷드내와 스달보스내 및 동료 관리들이 예루살렘

---

10 Musonius Rufus fr 5 (P. 21, 22~23); Polyb. 32, 11, 14; Plut. Amatorius 23 (II 769d). G. Bertram, "συνεργός κτλ.," TWNT VII, 870 참조.
11 Plut. *Mor.* 478 E. Ollrog, 앞의 책(1979), 98, 주 205 참조.
12 Plotinus *Enneaden* III. 4.6. Bertram, 앞의 글 870 참조.
13 Plotinus *Enneaden* IV. 5.1. 앞의 글, 870 참조.
14 이에 대해서는 앞의 글, 870을 참조할 것.
15 V. P. Furnish, "Fellow Workers in God's Service," *JBL* 80 (1961), 366 참조.

성전을 재건하는 일에 유다의 원로들과 성전 책임자들을 도와주는 일과 관련해서 συνεργεῖν이 사용된다. 여기서 우리는 칠십인 역이 우리의 테마와 관련해서 큰 도움을 주지 못한다는 것을 확인할 수 있다.

2) 필로

필로의 작품들에는 우리의 단어들이 칠십인 역보다 훨씬 더 자주 나타난다. 여기서도 이 단어들은 다양한 맥락에서 사용되는 것을 볼 수 있다.

명사 συνεργός의 경우 우선 눈에 띄는 것은, 아래에서 살펴 볼 동사 συνεργεῖν의 경우와 정반대 되는 내용이 나온다는 점이다. 여기서 필로는 하나님께서 인간을 만드실 때 협력자들인 다른 존재들을 필요로 했다고 말한다.[16] 그리고 그는 창세기 11장 7절에 나타나는 언어 혼란의 경우에도 하나님께서는 협력자들인 다른 존재들을 필요로 했다고 말한다.[17]

이 외에 필로는 명사 συνεργός를 다양한 용도로 사용한다. 그는 기억의 협력과[18] 이성의 협력[19]에 대해 말할 때, 그리고 죄를 지을 경우 영혼의 모든 부분이 협력한다고 말할 때,[20] 이 명사를 사용한다. 그리고 조각품과 그림들이 우상 숭배의 유혹에서 결정적으로 협력한다고 말할

---

16   *Op* 75; *Fuga* 68.
17   *Conf* 168.
18   *Mut* 84.
19   *Praem* 43.
20   *Conf* 110.

때[21]와 덕으로 인도하는 길을 발견하도록 도와주는 것을 말할 때[22]도 이 명사를 사용한다. 또한 그는 동물들을 하나님의 협력자들로 언급할 때[23]도 이 명사를 사용하는 것을 볼 수 있다.

동사 συνεργεῖν의 경우 우선 눈에 띄는 것은, 하나님께서 세계 창조 시 어떤 협력자도 필요로 하지 않았다고 언급할 때,[24] 이 동사를 가장 많이 사용한다는 점이다. 게다가 그는 하나님을 완전히 인식하는 데에도 어떤 것도 협력할 수 없고 오직 하나님 자신을 통해서만 가능하다고 말할 때[25]도 이 동사를 사용한다.

그러나 전 우주의 존속을 위해 모든 것들이 함께 일한다고 말할 때[26]도 이 동사를 사용하는 것을 볼 수 있다. 특히 *Mut* 259는 우리의 테마와 관련해서 우리의 주목을 끈다. 여기서 필로는 하늘의 만나와 지상의 음식을 대조적으로 언급할 때 동사 συνεργεῖν을 사용하는데, 하늘의 만나는 어느 누구의 협력 없이 오직 스스로 행동하시는 하나님께서 보내주시는 반면에, 지상의 음식은 하나님과 인간의 협력으로 생산된다는 것이다. 여기서 우리는 필로가 신인협동설의 대변자였다는 것을 분명히 확인할 수 있다.[27]

---

21   *Spec Leg* I 29.
22   *Fuga* 21.
23   *Vita Mos* I 110.
24   *Op* 72; *Dius Imm* 87; *Sacr Ab* 65; *Somn* I 158 (여기서는 하나님을 세계의 창조주와 유지자로 부른다).
25   *Praem* 45.
26   *Op* 61.
27   이 점은 본래 본 논문의 서론에서 언급한 타이쎈이 그의 논문에서 밝힌 주장이다. 필로의 '신인협동설'에 관해서는 W. Völker, *Fortschritt und Vollendung bei Philo von Alexandrien: Eine Studie zur Geschichte der Frömmigkeit* (TU 99/1: Leipzig: J. C. Hinrich, 1938), 115~126을 참조할 것.

그러나 베르트람(G. Bertram)28은 이 구절을 빠뜨림으로써 필로를 잘못 평가한다. 즉, 필로가 신인협동론자였음에도 불구하고 정작 신인협동설 문제를 다루는 곳에서는 우리의 단어들을 피했다는 그의 주장은 옳지 못하다.

3) 요세푸스

여기서는 우선 명사 συνεργός가 '하나님의 도우심'을 말하기 위해 자주 사용되는 것을 볼 수 있다.29 이 중 특히 『유대고대사』 8.394가 우리의 주목을 끈다. 여기서 우리는 요세푸스의 신인협동설을 볼 수 있다.30 왜냐하면 여기서는 여호사밧이 의롭고 경건하며 날마다 하나님이 기뻐 받으실만한 행동을 했기 때문에 하나님께서 은혜와 도움을 베풀어 주셨다고 하기 때문이다. 또한 명사 συνεργός는 정치적 후원자31 및 공범32의 의미로도 사용되는 것을 볼 수 있다.

동사 συνεργεῖν도 '하나님의 도우심에 대해 말할 때 여러 번 사용된다.33 그리고 이 동사는 헤롯이 마리암네를 무척 사랑한 것을 말할 때34와 헤롯의 아들 알렉산더가 깨끗한 양심과 뛰어난 웅변술로(도움으로) 자신의 결백을 입증했다고 말할 때35도 사용되는 것을 볼 수 있다.

---

28 Bertram, 앞의 글, 870~871.

29 『유대고대사』 1. 268; 7. 91; 8.394; 『유대전쟁사』 2.102; 6.39 (συνεργία의 복수).
30 Bertram, 앞의 글, 871 참조.
31 『유대전쟁사』 4.616.
32 『유대전쟁사』 2.102.
33 『유대전쟁사』 2.201; 6:38; 『유대고대사』 8.130.
34 『유대전쟁사』 1.436.
35 『유대전쟁사』 1.453.

4) 12족장 유언서

여기서는 동사 συνεργεῖν이 4번 나타난다. 갓의 유언 4장 7~8절에 의하면 증오의 영은 인간을 죽이기 위해 매사에 사탄과 협력하는 반면에, 사랑의 영은 인간을 구원하기 위해 하나님의 율법과 협력한다고 한다. 이것은 앞에서 본 요세푸스의 '신인협동설' 사상과 유사한 관점이다. 또한 잇사갈의 유언 3장 7절에서는 하나님께서 잇사갈이 두 마음이 없는 것을 도와주고 계신다는 것을 야곱이 알고 있었다고 언급할 때, 그리고 르우벤의 유언 3장 6절에서는 불의가 뇌물을 받음으로써 다른 영들과 함께 일한다고 언급할 때, 이 동사를 사용하는 것을 볼 수 있다.

3. 신약성서의 서신들에서 사용된 συνεργός와 συνεργεῖν에 대한 분석

신약성서에서 명사 συνεργός는 모두 13번 나타나는데, 이 중 11번은 바울서신들[36]에서 사용되고, 골로새서[37]와 요한삼서[38]에서 각각 1번씩 사용된다. 이 중 우리의 테마와 관련되는 구절들은 두 구절(살전 3:2; 고전 3:9)뿐이다. 왜냐하면 이 외의 구절들에서는 이 명사가 모두 인간들 간의 동역자들을 지칭할 때 사용되기 때문이다.

또한 동사 συνεργεῖν은 바울서신들[39]에서 3번, 마가복음[40]과 야고

---

36 롬 16:3, 9, 21; 고전 3:9; 고후 1:4; 8:23; 빌 2:25; 4:3; 살전 3:2; 몬 1:1, 24.
37 골 4:11.
38 요삼 1:8.
39 롬 8:28; 고전 16:16; 고후 6:1.
40 막 16:20.

보서[41]에서 각각 1번 씩 사용된다. 여기서 우리의 테마와 관련되는 구절들은 두 구절(고후 6:1; 약 2:22)이다. 왜냐하면 마가복음 구절은 우리의 연구 범위를 벗어나 있고, 나머지 두 구절은 우리의 연구 대상에 포함시키기 어렵기 때문이다.[42] 따라서 필자는 본 논문의 테마와 관련해서 네 구절만 고찰하고자 한다.

1) 데살로니가전서 3장 2절
우리의 형제요 그리스도의 복음을 위한 하나님의 협력자인 디모데를 보냈습니다.

우선 우리말 성서 데살로니가전서 3장 2a절을 보면, '하나님의 일꾼'[43] 또는 '하나님의 협력자'[44]라는 용어를 대하게 된다. 그런데 데살로니가전서 3장 2a절은 다양한 이문들로 전승되고 있기 때문에 우리는 먼저 이 두 용어 중 어느 것이 원래적인 것인지를 판별해야 한다. 이문들은 다음과 같이 크게 네 가지 형태를 보여주고 있다.

① καί συνεργὸν τοῦ θεοῦ (하나님의 협력자)··· ἐν τῷ εὐαγγελίῳ

---

41 약 2:22.
42 롬 8:28은 얼핏 보면 신인협동설에 해당되는 구절로 보일 수 있지만, 여기서는 하나님을 사랑하는 사람들에게는 모든 일이 협력해서 선을 이룬다고 언급하고 있기 때문에 이 구절을 신인협동설과 관련되는 구절로 보기가 어렵다. 그리고 고전 16:16은 인간들 간의 동역자들에 대해 언급하고 있다.
43 개역, 새번역, 공동번역, 표준새번역 개정판.
44 한국천주교회 창립 200주년 기념 신약성서.

τοῦ Χριστοῦ…45

② καὶ διάκονον τοῦ θεοῦ (하나님의 일꾼)…46

③ διάκον καὶ συνεργὸν τοῦ θεοῦ (하나님의 일꾼이며 협력자)…47

④ καὶ διάκονον τοῦ θεοῦ καὶ συνεργὸν ἡμῶν (하나님의 일꾼이며 우리의 협력자)…48

위의 네 가지 형태 중 어느 것을 가장 원래적인 형으로 볼 수 있을까? ③형은 외적 증거가 상당히 빈약하기 때문에 우선 원래의 형태로서는 제외되어야 한다. 그리고 ④형은 대부분 후기의 사본들에 나타나기 때문에 이것 역시 제외되어야 한다. 그렇다면 ①형과 ②형 중 우리는 어느 것을 가장 원래의 형으로 채택해야 하는 것인가? 외적 증거를 근거로 할 경우에는 ②형을 가장 원래의 형으로 채택해야 할 것이다.

그러나 "나머지 이문들의 유래를 가장 잘 설명하는 것은" 49 ①형이라고 말할 수 있다. 필자는 다음과 같은 메츠거(B. M. Metzger)의 설명에 의견을 같이 한다.

συνεργὸς τοῦ θεοῦ라는 대담한 칭호가 문제될 만한 성질의 표현

45　B (τοῦ θεοῦ 생략) D*33 it[b, d. mon. o] vg[ms] Ambrosiaster Pelagius.
46　ℵ A P Ψ 6 81 263 424[c] 629* 1241 1739 1881 1912 2464 pc lat 596 itar vg(vg[mss]) cop[sa. bo. fay] geo[1] Basil Theodore[lat]; (Cassiodorus).
47　F G it[f, g].
48　D2 vgmss 075 0150 104 256 365 424* 436 459 1319 1573 1852(διάκονον 앞에 συνεργὸν ἡμῶν을 놓음) 2127 2200 Byz [K L] Lect syr[p. h with*] eth geo[2] slav Chrysostom Theodoret.
49　브루스 M. 메츠거/장동수 역, 『신약 그리스어 본문주석』(서울: 대한성서공회성경원문연구소, 2005), 545.

으로 보였기 때문에 이를 제거하기 위하여 일부 필사자들은 τοῦ θεοῦ를 생략하거나 (B 1962), τοῦ εὐαγγελίου를 수식하도록 옮긴 반면에(arm), συνεργόν 대신에 διάκονον을 사용한 필사자들도 있었다. … διάκονον과 συνεργόν을 통합한 합성 이문들은(G it^g) 나중 것인데, σονεργόν은 종종 τοῦ θεοῦ 대신 ἡμῶν으로 수식되기도 하였다.[50]

따라서 필자는 ①형을 가장 원래의 형으로 생각하는데,[51] 문제는 여기에 나오는 συνεργός τοῦ θεοῦ가 '하나님의 협력자'를 말하는 것인지,[52] 아니면 '하나님의 일을 하는 인간 상호 간의 동역자'를 말하는 것인지[53] 하는 점이다. 몇몇 주석가들이 지적하는 바와 같이,[54] 후자인 경우 바울은 대개 συνεργός 다음에 소유격 '나의(μου)' 또는 '우리의(ἡμῶν)'를

---

50 앞의 책, 545.
51 가령, J. E. Frame, *Epistles of St. Paul to the Thessalonians* (ICC 35; Edinburgh: T. & T. Clark, 1912), 126~127; B. Henneken, *Verkündigung und Prophetie im Ersten Thessalonicherbrief: Ein Beitrag zur Theologie des Wortes Gottes* (SBS 29; Stuttgart: Katholisches Bibelwerk, 1969), 20; Ollrog, 앞의 책 (1979), 68, 주 31; H. Köster, "Apostel und Gemende in den Briefen an die Thessalonicher" in D. Lührmann und G. Strecker (ed.), *Kirche* (FS G. Bornkamm; Tübingen: Mohr, 1980), 290과 주 10; F. F. 브루스/ 김철 역, 『데살로니가전후서』(WBC 45; 서울: 솔로몬, 2000), 132; T. Holtz, *Der erste Brief an die Thessalonicher* (EKK XIII; Zürich; Braunschweig: Bensiger; Neikirchen-Vluyn: Neukirchener Verlag, 1990², 125, 주 605; C. A. Wanamaker, *The Epistles to the Thessalonians: A Commentary on the Greek Text* (NIGTC; Grand Rapids: Eerdmans, 1990), 128; Richard, 앞의 책(1995), 151도 이렇게 본다.
52 가령, Frame, 앞의 책(1912), 127; 앞의 책(1969), 24~25; E. E. Ellis, *Prophecy and Hermeneutic in Early Christianity* (Grand Rapids: Eerdmans, 1928), 6, 주 18; 브루스, 앞의 책(2000), 135; Holttz, 앞의 책(1990), 125; Richard, 앞의 책(1995), 150~151.
53 가령, Bertram, 앞의 글, 872; Ollrog, 앞의 책(1979), 68~71; Köster, 앞의 논문(1980), 290, 주 10; G. D. Fee, *First and second Letters to the Thessalonians* (NICNT; Grand Rapids: Eerdmans, 2009), 115.
54 브루스, 앞의 책(2000), 135; Richard, 앞의 책(1995), 150.

사용하는 것을 볼 수 있다. 그리고 아래에서 볼 수 있는 바와 같이, 바울은 다른 서신들(고전 3:9; 고후 6:21)[55]에서, 우리의 구절처럼 συνεργός 다음에 소유격 '하나님의(τοῦ θεοῦ)'를 사용할 때는 후자보다 전자의 의미로 사용한다. 또한 데살로니가전서 3장 2절의 문맥 고찰도 전자를 더 선호하게 해준다. 2장 13절에서 바울은 설교할 때 인간의 노력에 함께 일하시는 하나님의 역할 부분을 강조한다.[56] 그리고 18절에서 바울은 자신이 데살로니가 교인들에게 가려고 했으나 가지 못한 것은 사탄의 방해 때문이라고 언급한다. 그러나 3장 1~2절에서 바울은 더 참을 수 없어서 그의 형제요, 그리스도의 복음을 위한 하나님의 협력자인 디모데를 데살로니가 교인들에게 보냈다고 언급한다. 앞에서 본 대로 이 당시 주변 세계에서는 하나님과 인간의 협력에 대한 사상이 있었기 때문에, 바울이 여기서 '하나님의 협력자'라는 말을 사용할 수 있었고, 데살로니가 교인들은 그들의 믿음을 바로 세우고 격려하기 위한(3절) 바울과 디모데의 노력이 하나님과 협력하는 일이라고 이해했을 수 있다. 따라서 필자는 데살로니가전서 3장 2절에 나오는 συνεργός τοῦ θεοῦ를 '하나님의 일을 하는 인간 상호 간의 동역자'보다는 '하나님의 협력자'로 이해하는 것이 더 합당하다고 본다. 그러므로 우리는 여기서도 마가복음 4장 26~29절에서 볼 수 있는 '소박한 신인협동설'을 인식할 수 있다.

---

55 여기서는 동사 συνεργεῖν이 사용된다.
56 Richard, 앞의 책(1995), 150 참조.

2) 고린도전서 3장 9절

왜냐하면 우리는 하나님의 협력자들이요, 여러분은 하나님의 밭이며, 하나님의 건물이기 때문입니다.

이 구절에서 바울은 '하나님의 협력자들(θεοῦ συνεργοί)'이라는 표현을 사용하는데, 여기서도 문제는 이 표현이 '하나님과 함께 일하는 협력자'[57]를 의미하는 것인지, 아니면 '하나님의 일을 하는 인간 상호 간의 동역자'[58]를 의미하는 것인지 하는 점이다.

후자를 지지하는 주석가들은 다음과 같은 논거들을 제시한다.

① 여기에 나오는 속격 θεοῦ는 소유를 나타내는 속격이다. 따라서 여기서 언급되는 아볼로와 바울은 하나님이 그들에게 각각 직책을 주셨기 때문에, 그들은 하나님께 속하는 동역자들이 된다.[59]

② 강조하는 소유격인 θεοῦ는 바울 편이냐, 아볼로 편이냐 하는 고

---

57 가령, F. Godet, *Kommentar zu dem ersten Brief an die Korinther: Teil I* (Hannover 1886), 90~91; J. Weiss, *Der erste KorintherbriefI* (Göttingen: Vandenhoeck & Ruprecht, 1910), 78; A. Robertson and A. Plummer, *A Critical and Exegetical Commentary on the First Epistle St Paul to the Corintians* (ICC 31; Edinburgh: T. & T. Clark, 1978), 57; Ellis, 앞의 책 (1978), 6; W. Schrage, *Der erste Brief an die Korinther* (1 Kor 1,6~6,11) (EKK Ⅶ/1; Zürich; Braunschweig: Benziger; Neukirchen-Vluyn: Neukirchener, 1991), 294.

58 가령, Furnish, 앞의 논문(1961), 368~369; C. K. 바레트/번역실 역, 『고린도전서』(국제성서주석 36; 서울: 한국신학연구소, 1985), 111~112; Ollrog, 앞의 책(1979), 68; G. D. Fee, *The First Epistle to the Corinthians* (NICNT; Grand Rapids: Eerdmanns, 1987), 134; K. L. Yinger, *Paul, Judaism, and Judgment According to Deeds* (MSNT 105; Cambridge: Cambridge University Press, 1999), 207과 주 8; 김지철, 『고린도전서』(대한기독교서회 창립 100주년 기념 성서주석 38; 서울: 대한기독교서회, 1999), 178~180; A.C. Thiselton. *The First Epistle to the Corinthians: A Commentary on the Greek Text* (NIGTC; Grand Rapids: Eerdmans, 2000), 306과 주 37(여기서 Thiselton은 이 입장에 속하는 다른 많은 주석가들을 언급한다.); 리처드 B. 헤이스/ 유승원 역, 『고린도전서』(현대성서주석; 서울: 한국장로교출판사, 2006), 108.

59 Yinger, 앞의 책(1999), 207과 주 8; Fee, 앞의 책(1987), 134; Thiselton, 앞의 책(2000), 304, 306과 주 37.

린도인들의 슬로건에 대한 직접적인 반작용으로 사용된 것이다. 바울과 아볼로는 하나님의 밭인 교회 안에서 함께(경쟁이 아닌) 일하는 일꾼들이다. 이것은 바울이 그의 제자들과 동료들을 위해 일반적으로 사용한 명칭인 συνεργός에 상응한다.[60]

③ 본문의 문맥상 후자가 더 적합하다. 8절에 의하면 바울과 아볼로는 그들 자신의 일을 가지고 있기 때문에 그들은 하나님 앞에서 책임을 져야 하고 각각 수고한 만큼 자기 삯을 받을 것이라고 한다. 3장 12~15절과 4장 3~5절에서 더 상세히 설명되는 심판사상은 하나님의 일과 인간의 일을 혼합하는 것과 모순된다. 7절에서 보는 바와 같이 일꾼들은 아무것도 아니요 하나님이 전부라는 것을 바울은 강조한다. 따라서 바울은 자신과 아볼로를 διάκονοί 더 자세히 말하면 복음 선포를 위해 하나님으로부터 위임 받은 사람들로 부른다.[61]

그러나 필자는 위의 논거들을 다음의 관점에서 비판할 수 있다고 본다.

① συνεργοί 다음에 나오는 속격 θεοῦ는 관계적 속격으로 보는 것이 더 합당하다.[62] 왜냐하면 그리스어에서 접두사 συν은 서로 분담하는 역할을 가리킬 때 자주 사용되고 있고, 이 맥락에서 συνεργοί 바로 다음에 사용되는 속격 θεοῦ는 소유적 속격보다는 역할 관계를 말하는 속격에 더 어울리기 때문이다.[63]

60　Yinger, 앞의 책(1999), 206, 주 7 및 207과 주 8.
61　Ollrog, 앞의 책(1979), 68; Furnish, 앞의 논문(1961), 368과 369; Fee, 앞의 책(1987), 134: "전 단락의 논의는 하나님 밑에 있는 동료 일꾼들(바울과 아볼로)의 일치를 강조한다."
62　Schrage, 앞의 책 (1991), 294와 주 96 참조.
63　J. Beekmann·J. Callow, *Translating the Word of God* (Grand Rapids: Zondervan Publishing House,

② 바울이 그의 제자들과 동료들을 하나님의 일을 하는 인간 상호 간의 동역자들로 지칭할 때는 일반적으로 속격 μου 또는 ἡμῶν을 사용한다.[64]

③ 일꾼들의 신분 가치를 깎아내리려는 의도를 보여주는 문맥(6~7절)으로 볼 때 후자의 입장을 지지할 수 있다. 그러나 문맥을 더 자세히 살펴보면, 6절에서 바울은 구상적으로 바울 및 아볼로와 하나님 간의 협력에 대해 말하고 있으며,[65] 9절 바로 다음 절인 10절에서는 하나님께서 자신에게 주신 은혜를 따라 더 지혜로운 건축자와 같이 기초를 놓았다고 언급한다.[66]

따라서 필자는 고린도전서 3장 7절에 나오는 θεου συνεργοί 표현의 의미를 '하나님과 함께 일하는 협력자들'로 이해한다. 그러므로 우리는 여기서도 앞에서 본 데살로니가전서 3장 2절에서처럼 '소박한 신인협동설'을 인식할 수 있다.

3) 고린도후서 6장 1절

그리고 우리는 하나님과 함께 일하는 사람으로서 여러분이 하나님의 은혜를 헛되이 받지 않도록 권면합니다.

바울은 본문에서 분사 συνεργοῦντες를 사용할 뿐 누구와 함께 일

1974), 254~255 참조.
64 롬 16:9, 21; 빌 2:25; 4:3.
65 Schrage, 앞의 책(1991), 294.
66 9a절은 10절을 준비하는 역할을 한다. 참조. 앞의 책, 294.

하는 것인지에 대해 명확하게 말하고 있지 않다. 따라서 우리는 여기서 바울이 누구와 함께 일한다고 말하는 것인지 질문을 하지 않을 수 없다. 지금까지의 연구사를 보면, 이 문제와 관련해서 주석가들은 여러 견해들을 내놓았다.

① συνεργοῦντες의 보충어를 메시지의 청중인 고린도인들로 보는 입장이 있다.[67] 그러나 이 견해는 문맥상 설득력이 약하다. 왜냐하면 앞뒤 문맥은 청중들보다는 오히려 복음 전도자의 역할에 관심을 두고 있기 때문이다.[68] 그리고 고린도후서 5장 20절에서 바울은 자신을 포함한 복음 전도자들이 그리스도의 사절이며 하나님께서는 이들을 통하여 고린도 교인들에게 권면하신다고 언급한다.[69]

② 다른 교사들로 보는 입장이 있다.[70] 그러나 이 견해가 지지 받으려면 다음 난관을 극복해야 한다. 즉, 일인칭 복수가 오직 바울을 말하든지, 아니면 συνεργοῦντες를 '우리 자신과 함께 일하는'으로 번역해야 한다.[71]

③ 그리스도로 보는 입장이 있다.[72] 이 견해는 문맥으로 볼 때, 아래에서 볼 ④의 입장과 함께 개연성이 있는 입장이다. 왜냐하면 앞에서 본 대로 고린도후서 5장 20절에서 바울은 자신 및 복음전도자들이 그리스

67　가령, P. Bachmann, *Der zweite Brief des Paulus an die Korinther* (ZKNT; Leipzig: Werner Scholl, 1918), 275.
68　A. Plummer, *A Critical and Exegetical Commentary on the Second Epistle of St. Paul to the Corinthians* (ICC 47; Edinburgh: T. & T. Clark, 1915), 189; V. P. Furnish, *II Corinthians* (AB 32A; Garden City, N.Y.: Doubleday, 1984), 1341 참조.
69　J. Lambrecht, *Second Corinthians* (SPS 8; Collegeville: The Litergical Press, 1999), 108 참조.
70　Plummer, 앞의 책(1915), 189; Furnish, 앞의 책(1984), 341.
71　랠프 P. 마틴/김철 역, 『고린도후서』(WBC 40; 서울: 솔로몬, 2007), 367 참조.
72　Plummer, 앞의 책(1915), 189 참조.

도의 사절이며 하나님께서는 아들을 통해 권면하신다고 언급하고 있기 때문이다.

④ 하나님으로 보는 입장이 있다.[73] 필자에게는 이 견해가 가장 설득력이 있는 것으로 보인다. 데살로니가전서 3장 2절과 고린도전서 3장 9절의 분석에서 본 바와 같이, 하나님과 함께 일한다는 생각은 바울의 사상에서 낯설지 않다.[74] 그리고 이 견해는 문맥과 잘 어울린다. 앞에서 본 대로 고린도후서 5장 20절에서 바울은 복음전도자들의 사역을 언급할 때 하나님께서 아들을 통해 권면하신다고 언급한다. 그리고 그는 6장 6절에서 "우리는 사람으로서 여러분을 권면한다."고 언급하는 것을 볼 때, 우리의 구절의 (   )에 '권면하시는 하나님과'를 넣으면 논리적으로 잘 연결된다.[75] 따라서 필자는 여기서도 앞에서 살펴본 데살로니가전서 3장 2절과 고린도전서 3장 9절에서처럼 바울이 '하나님과 협력한다'라는 의미로 동사 συνεργεῖν을 사용한다고 본다. 그러므로 우리는 여기서도 소박한 신인협동설을 인식할 수 있다.

73　가령, C. Hodge, *An Exposition of the Second Epistle to the Corinthians* (New York: A. C. Armstrong & Son, 1891, Reprint. Edinburgh: Banner of Truth, 1959), 153; Plummer, 앞의 책(1915), 189; P. E. Hughes, *Paul's Second Epistle to the Corinthians* (NICNT 47; Grand Rapids: Eerdmans/London: Marshall, Morgan & Scott, 1962), 216; C. K. 바레트/번역실 역, 『고린도후서』(국제성서주석 36; 서울: 한국신학연구소, 1986), 236; 마틴, 앞의 책(2007), 341; M. E. Tharall, *a Critical and Exegetical Commentary on the Second Epistle to the Corinthians I* (ICC; Edinburgh: T & T Clark, 1994), 451; 콜린 G. 크루즈/황인성 역, 『고린도후서』(현대성서주석/목회자와 설교자를 위한 주석; 서울: 한국장로교 출판사, 2005), 103; D. E. Garland, *2 Corinthians* (NAC 29; Nashville: B & H Publishing Group, 1999), 303.
74　Hughes, 앞의 책(1962), 216; 마틴, 앞의 책(2007), 367 참조.
75　Hughes, 앞의 책 (1962), 216; 마틴, 앞의 책 (2007), 367 참조

4) 야고보서 2장 22절

그대가 보는 대로 믿음이 그의 행함과 함께 일하고 있었고 행함으로 믿음이 완전하게 되었습니다.

이 구절에서 야고보서 저자는 믿음과 행함의 관계에 대해 말할 때 동사 συνεργεῖν을 사용한다. 여기서 먼저 우리가 관심을 기울여야 할 것은 이 구절에 나오는 συνεργεῖν을 어떻게 번역해야 하는가의 문제다. 왜냐하면 앞에서 보았듯이 이 동사는 '함께 일하다', '협력하다', '도와주다'의 뜻을 지니고 있기 때문이다.[76]

몇몇 주석가들은 여기에 나오는 συνεργεῖν을 행위가 일어나도록 믿음이 도와주는 것을 말하기 위해 사용된 동사로 이해한다.[77] 다시 말해서 여기서 야고보서 저자는 이 동사를 통해 믿음을 행위의 원인으로 말한다는 것이다.

그러나 버스풋(D. J. Verseput)이 잘 고찰한 바와 같이, 여기서 믿음과 행위는 인과 관계로 나타나는 것이 아니라 동급의 독립된 실재로 서로 협력하는 관계로 나타난다.[78] 이를 위해 다음과 같은 논거들을 제시할

---

76 우리말 역본 중에서 개역은 '함께 일하다'로, 표준새번역 개정판은 '함께 작용하다'로 번역을 했고, 한국천주교 창립 200주년 기념 신약성서는 '도와주다'로 번역을 했다. 공동번역의 '일치하다'와 새번역의 '따르다'는 너무 의역을 한 면이 있다.
영어 역본들도 다양하게 번역을 했는데, 다수의 번역(NIB, NIV, NJB, NKJV, NASB, NASU, TNIV, NLT)은 was (were) working together with 또는 worked together with로 ESV와 NAB, RSV와 NRSV는 was active along with로 NEB는 was at work in으로, ASV와 KJV는 wrought로, BBE는 was helping으로 번역을 했다.

77 가령, R. V. G. Tasker, *The General Epistle of James* (Grand Rapids: Eerdmans, 1956), 69; F. Hauck, *Die Briefe des Jakobus, Petrus, Juda und Jakobus* (NTD 10; Göttingen: Vandenhoeck & Ruprecht, 1937), 136~137; F. Schnider, *Der Jakobusbrief* (RNT; Regensburg: Pustet, 1987), 73; Ronald Y. K. Fung, "'Justification' in the Epistle of James," in D. A. Carson (ed.), *Right with God: Justification in the Bible and the World* (Carliste: Paternoste Press, 1992), 154.

78 D. J. Verseput, "Reworking the Puzzle of Faith and Deeds in James 2:14~26," NTS 43 (1997),

수 있다.

① 야고보서 저자는 적합한 열매를 맺지 못하는 죽은 믿음에 반해서 행위를 산출하는 살아 있는 믿음에 대해서 말하는 것이 아니라, '믿음이 행함과 함께 일하는 것'(22절)과 '오직 믿음으로만'(24절)을 대조한다.79

② 2장 24~26절 단락의 요약적 진술인 2장 26절에서 믿음과 행함은 몸과 영혼처럼 생명을 얻기 위해 함께 결합되어야 하는 것으로 나타난다.80

③ 2장 14~26절의 앞 문맥에 속하는 1장 19~27절에서 우리가 구원에 이르기 위해서는 말씀을 받아들인 다음에 반드시 행위가 수반되어야 한다고 주장하며(21~22절),81 말씀을 행하는 사람은 완전한 율법 곧 자유하게 하는 율법을 잘 살피고 그 안에 머무는 사람이라고 설명한다(25절), 그리고 바로 이어지는 26~27절에서는 이에 대해 더 구체적으로 진술하는데, 여기서는 혀를 다스리지 않고 자기 마음을 속이거나 고아와 과

97~115. H. Frankemölle (*Der Brief des Jakobus II* [ÖTK 17, 2; Gütersloh: Gütersloher/Würzburg: Echter, 1994], 454-455)도 이렇게 보며, 여기서 야고보서 저자는 신인협동설을 전한다고 주장한다. 이와 달리 믿음에 우선권을 두면서 믿음과 행위의 협력으로 보는 견해(가령, R. Hoppe, *Der theologische Hintergrund des Jakobusbriefes* [FzB 28; Würzburg: Echter, 1977], 115)와 행위의 주도권을 강조하면서 믿음을 행위에 덧붙여야 하는 것으로 보는 견해(M. Klein, *Ein Vollkommes Werk: Vollkommenheit, Gesetz und Gericht als theologische Themen des Jakobusbriefes* [BWANT H. 139; Stuttgart/Berlin/Köln: W. Kohlhammer, 1995], 76; Ch. Burchard, "Zu Jakobus 2, 14~26," ZNW 71 [1980], 31, 42도 이와 비슷함) 가 있는가 하면, 믿음은 행함에 의존하고 행함이 믿음을 만든다고 보는 견해(R. Walker, "Alein aus Werken: Zur Auslegung von Jakobus 2, 14~26," *ZThK* 61 [1965], 164)도 있다.
그러나 앞에서 본 바와 같이 그리스권과 초기 유대교에서 συνεργεῖν은 주로 동급의 두 요소가 서로 협력하는 것을 말할 때 사용된 동사라는 점과, 아래에서 제시되는 논거들에 의거해서 볼 때 이 견해들은 설득력이 있어 보이지는 않는다.
79   Verseput, 앞의 논문(1997), 98~99.
80   앞의 논문, 99.
81   앞의 논문, 101.

부를 돌보지 않거나 세속에 물들어 자기를 지키지 않으면 아무리 스스로 경건하다고 생각해도 그런 경건은 헛된 것이라고 한다. 여기서도 의로운 행위는 하나님을 향한 경건으로부터 나오는 것으로 말하지 않는다.[82]

④ 2장 14~26절은 위에서 언급한 1장 19~27절 단락과 바로 앞 단락인 2장 1~13절 단락과 밀접히 연관되어 있다. 따라서 이 맥락에서 보면, 여기서 저자는 말뿐인 믿음에 반하는 올바른 믿음에 대해 말하지 않는다는 것을 알 수 있다. 다시 말해서 여기서는 질적으로 구분되는 두 종류의 믿음에 대해 말하는 것이 아니라 오직 한 믿음에 대해 말하고 있으며, 행함을 믿음과 독립된 실재로서, 그리고 믿음에 필요한 보충으로 언급하고 있다.[83]

⑤ 22a절의 동사 συνήργει는 행함이 생기도록 믿음이 도와주는 것을 의미한다고 볼 수 없다. 왜냐하면 여기서 믿음과 행함 두 요소가 향하는 공통된 목표는 아브라함이 행하도록 격려하는 데 있는 것이 아니라 하나님 앞에서의 그의 의로움에 있기 때문이다.[84]

⑥ 22b절의 '완전하게 되었다'(ἐτελειώθη)는 행함이 없는 믿음이 미성숙하거나 불완전하다는 것을 내포하는 것이 아니다. 여기서 야고보서 저자는 아브라함이 자기 아들을 제단에 바친 것과 관련해서 아브라함의 믿음의 질에 대해 말하는 것이 아니라, 하나님으로부터 인정받는

---

82   앞의 논문, 105.
83   앞의 논문, 106.
84   앞의 논문, 112~113.

목표에 도달하기 위한 행함의 필요성을 강조하는 것이다.[85]

⑦ 24절에서 저자는 22~23절에서 언급한 믿음과 행함의 협동을 '행함으로 의롭게 되는 것'으로 요약한다. 그리고 여기서 "믿음만(μόνον)으로 되는 것이 아니다"고 덧붙이는 것은 그가 단순히 '행함으로 가 아니라 믿음으로'라는 슬로건을 뒤집는 것이 아니라는 것을 암시하는 것이다.[86]

⑧ 23절의 '하나님의 친구'는 아브라함 전승에서 자주 나타나는 칭호인데, 이 전승에서 이 칭호의 의미는 "아브라함의 올바른 행동에 대한 신적 승인으로 이해된다."[87]

지금까지의 고찰에 근거해서 볼 때 필자는 야고보서 2장 22절에 나오는 συνεργεῖν을 '함께 일하다(협력하다)'로 번역하는 것이 적절하다고 본다. 여기서 야고보서 저자는 서로 필요로 하는 두 요소인 믿음과 행함이 함께 일한다는 의미에서 이 동사를 사용한 것이다.[88] 그리고 저자는 "믿음과 행함의 지속적인 협력"[89]을 말하기 위해 미완료형 συνήργει를 사용한다.

그런데 우리의 테마와 관련해서 여기서도 우리가 '소박한 신인협

---

85 앞의 논문, 113.
86 앞의 논문, 114.
87 A. von Dobbeler, *Glaube als Teilhabe: Historische und semantische Grundlagen der paulinischen Theologie und Ekklesiologie des Glaubens* (WUNT: R. 2, 22; Tübingen: Mohr, 1987), 121, 주 78.
88 D. J. Moo (*The Letter of James* [Grand Rapids: Eerdmans, 2000], 136)와 A. Stewart ("James, Soteriology, and Synergism," *TynB* 61. 2 [2010], 302와 308, 주 50번도 이렇게 본다.
89 D. C. Allison, *A Critical and Exegetical Commentary on the Epistle of James* (ICC; Edinburgh: T&T Clark, 2013), 488.

동설'을 인식할 수 있느냐 하는 점이다. 이를 위해 우리는 야고보서 2장 14~26절을 야고보서의 다른 구원론적 진술들과 연관해서 잘 살펴볼 필요가 있는데, 이에 대해서는 스튜어트(A. Stewart)가 잘 고찰해 주었다.[90]

야고보서 저자는 1장 8절에서 구원을 진리의 말씀으로 신자들을 낳으시고자하는 하나님의 뜻의 결과로 진술한다. 이와 함께 그는 구원이 하나님의 선택(2:5), 은혜(4:6), 자비와 긍휼(5:11), 용서(5:15)에 의존한다고 주장한다. 그러나 이러한 하나님의 구원 이니셔티브와 함께 야고보서 저자는 구원을 위해 필요한 인간의 책임성에 대해서도 언급을 한다.

위에서 본 바와 같이, 야고보서 저자는 1장 18절에서 진리의 말씀으로 신자들을 낳으시는 하나님의 은혜로우신 행동에 대해 진술한 다음, 21절에서 신자들에게 그들의 영혼을 구원할 능력이 있는 심겨진 말씀을 온유한 마음으로 받아들이라고 권면한다. 그리고 22절에서 말씀을 행하는 자가 되라고 권면하고 25절에서는 완전한 율법 곧 자유하게 하는 율법을 잘 살피고 그 안에 머무는 사람이 실제로 행하는 사람이라고 주장한다. 이 외에 야고보 저자는 회개와 겸손(1:21, 4:6~5:12), 사랑과 자비(2:5, 8, 9, 13, 4:11~12, 5:9), 혀 제어(1:26, 3:1~12), 그리고 인내(1:12, 5:1~11)를 구원에 필요한 조건들로 언급한다.[91] 이러한 맥락에서 그는 2장 14~26절에서 믿음과 행함 두 요소가 서로 협력함으로써 구원에 이른다고 말하는 것이다. 따라서 필자는 야고보서에서도 '소박한 신인협동설'을 인식할 수 있다고 본다.

---

90 Stewart, 앞의 논문(2010), 293~310. 아래의 내용은 Stewart의 연구에 의존한 것이다.
91 이에 대해서 더 자세한 것은 앞의 논문, 304~308을 참조할 것.

III. 목회서신의 '소박한 신인협동설'

디도서 2장 11~14절은 디도서의 구원론을 잘 요약해서 진술하고 있는 단락이다. 여기서 특징적인 것은 '구원', '하나님의 은혜', '교육'이 서로 밀접히 연관되어 있다는 점이다. 11절과 12a절에서 저자는 모든 사람에게 구원을 주시는 하나님의 은혜가 나타나 우리를 교육하신다고 진술한다. 그리고 12b~13절에서 저자는 하나님 교육의 이유와 목적을 제시하는데, 그 이유는 "사람들이 불경건하고 속된 욕심에 빠져 있기 때문이고, 목적은 이 세상에 있는 동안 이러한 욕심에서 벗어나 신중하고 의롭고 경건하게 살도록 하며 그리스도가 다시 나타나실 때 궁극적 구원에 이르도록 준비시키는 데 있다는 것이다."[92] 여기서 저자는 "하나님의 교육을 오직 그의 백성이 받도록 하는 하나님의 은혜의 선물로 표명하고 있으며 진정한 교육자는 하나님이라는 것을 강조한다."[93]

그러나 이와 동시에 목회서신은 인간의 교육 행동에 대해서도 언급한다. 이를 위해 목회서신은 교회 안에서의 목회자의 가르치는 능력과 활동, 가르쳐야 하는 내용, 교회 교육을 위한 교재로서의 성서, 징계, 가르치는 자의 태도, 배우는 자의 태도와 의무, 그리고 목회자의 본보기 교육에 대해 언급한다.[94]

이 중 우리의 테마와 관련해서 우리의 주목을 끄는 구절은 디모데후서 2장 24~25절이다. 24절에서 저자는 목회자가 다투어서는 안 되고

---

92 이광진, "목회서신의 교육사상," 『신약논단』 제 21권 제 2호 (2014), 566.
93 앞의 논문, 567.
94 이에 대해서 더 자세한 것은 앞의 논문, 590~591을 참조할 것.

모든 사람을 온유하게 대하고 잘 가르치고 참을성이 있어야 한다고 권면한 후, 반대하는 사람들을 온화하게 바로 잡아 주어야 한다고 권면한다. 그리고 난 후, 저자는 접속사 μήποτε를 사용해서 이렇게 하면 혹시 하나님께서 그 반대하는 사람들을 회개시키셔서 진리를 깨닫도록 하시지 않을까 해서라고 말한다. 이것은 소위 신단동설과 완전히 배치되는 내용이다. 신단동설에서는 회개를 하나님의 선물로 이해하는 데 반해서, 여기서는 인간의 교육 행동에 대해 먼저 언급한 다음에, 회개시키는 하나님의 행동에 대해 말하는데, 이 하나님의 행동에 대해서는 혹시 하나님께서 회개시키지 않을까 해서라고 매우 조심스럽게 표현한다.

지금까지 본 바와 같이, 목회서신의 교육 사상에는 하나님의 교육과 인간의 교육이 병존하고 있으며, 여기에도 구원하시는 하나님의 이니셔티브와 구원 과정에서의 인간의 책임성에 대한 언급이 나오고 있다. 따라서 필자는 목회서신에서도 '소박한 신인협동설'을 인식할 수 있다고 본다.

IV. 요한계시록의 '소박한 신인협동설'

신약성서에서 요한계시록만큼 하나님의 전능과 주권을 강조하는 책은 없다. 가령, 하나님의 전능을 말하는 데 사용되는 칭호인 '전능하신 분(παντοκράτωρ)'은 신약성서에서 모두 10번 나오는데, 이 중 9번이나 요한계시록에 나온다.[95] 계시록 저자는 이 칭호를 통해 하나님만이 모

95　계 1:8, 4:8, 11:17, 15:3, 16:7, 14, 19:6, 15, 21:22.

든 사건의 주님이 되신다는 것을 강조한다. 또한 웨인(S. S. Wayne)이 잘 고찰한 바와 같이, 계시록 저자는 하나님의 초월적 주권에 대해 말하기 위해 세 가지 이미지, 즉 '보좌', '능력', '예배'를 사용한다.[96] 계시록 저자는 이러한 이미지들을 통해 하나님께서는 자신이 결정하는 것은 무엇이든지 행할 수 있는 능력을 가지고 있는 분이라는 점과 예배에 대한 강조를 통해 그 분의 주권과 권력을 부각시킨다.[97]

계시록 저자는 이러한 하나님 이해에 근거해서 그의 구원론을 전개한다. 그는 인간의 구원을 위한 하나님의 주도적인 행동을 강조하기 위해 여러 용어들을 사용한다.[98]

첫째로, '부름받은(κλητός)'과 '선택받은(ἐκλεκτός)'이라는 용어들이 있다. 이 두 용어를 통해 계시록 저자는 구원하시는 하나님의 이니셔티브를 강조한다.

둘째로, '나라(βασιλεία)'와 '제사장(ἱερεύς)'이라는 용어가 있다. 계 1:6과 5:10에서 저자는 예수 그리스도께서 우리로 하여금 나라가 되게 하셔서 자기 아버지 하나님을 섬기는 제사장으로 삼아 주셨다고 언급한다.

셋째로, '백성(λαός)'이라는 용어가 있다. 요한계시록 21장 3절에서 하나님은 새 예루살렘과 함께 할 것이고 여기에 들어가는 사람들을 그의 백성이 되게 할 것이라고 한다.

넷째로, 요한계시록 1장 5절에서 저자는 그리스도께서 우리를 사

---

96   S. S. Wayne., "The implications of the Book of Revelation for Karl Barth's doctrine of election as Presented in the 'Church Dogmatics'" (Ph. D. dissertation, Baylor University, 1991), 79.
97   앞의 책, 81~82 참조.
98   아래의 내용 중 첫째에서 넷째까지는 다음 논문에서 큰 도움을 받았다. D. E. Aune, "St. John's Portrait of the Church in the Apocalypse," *EvQ* 38 (1966), 134~138.

랑하셔서 그의 피로 우리를 죄에서 놓아주셨다고 언급하는데, 여기서는 그리스도의 구속사건 속에서 구원하시는 하나님의 이니셔티브에 대한 강조를 엿볼 수 있다.

다섯째로, '생명의 책'이라는 용어가 있다. 계시록에서 이 용어는 마지막 구원에 참여하게 될 사람들의 이름이 기록되어 있는 하늘의 주민등록부를 가리키는 표상이다. 특히 13장 8절과 17장 8절에 저자는 그리스도인들을 하나님께서 창세 때부터 미리 택하신 사람들로 여기고 있는 것을 보여주는데, 여기서도 저자가 구원하시는 하나님의 이니셔티브를 강조하는 것을 엿볼 수 있다.

그러나 이와 동시에 계시록 저자는 구원과정에서의 인간의 책임성에 대해서도 언급한다. 믿는 자는 선택된 자이지만 끝까지 신실하게 살지 못하면 마지막 구원의 보증이 없다는 것이다.[99] 이에 대해 가장 분명히 인식할 수 있는 곳이 요한계시록 21장 8절과 22장 15절에 나오는 지옥에 들어갈 사람들의 리스트다. 여기서 계시록 저자는 단순히 믿는 자는 천국에 들어가고 믿지 않는 자는 지옥에 들어간다는 식으로 언급하는 것이 아니라 신자들과 불신자들을 가리지 않고 구체적으로 어떤 사람들이 지옥에 들어간다는 식으로 언급한다.

이와 관련해서 우리는 요한계시록의 심판 사상을 잘 살펴볼 필요가 있다. 최후의 심판 장면이 나오는 요한계시록 20장 11~15절에서 저자는 위에서 언급한 '생명의 책'과 다른 '행위의 책들'을 언급하는데, 이 책들은 마지막 때에 하나님께서 평결하실 때 토대를 삼을 인간의 행

---

99 Wayne, 앞의 책(1991), 217 참조.

위들이 기록된 책들이다. 12절에서 죽은 자들은 이 책들 안에 기록되어 있는 대로 자기들의 행위에 따라 심판을 받았다고 한다. 여기서 '죽은 자들'은 그리스도인들이든, 불신앙인들이든 죽은 자들 모두를 지칭하는 용어이다.[100]

여기서 우리는 계시록 저자의 이율배반적인 역설성을 볼 수 있다. 왜냐하면 앞에서 본 바와 같이 계시록 저자는 '생명의 책' 표상을 통해 하나님의 선택에 의해 그리스도인들만이 구원을 받는다고 하는 반면에, 여기서는 '행위의 책들' 표상을 통해 그리스도인들이든 불신앙인들이든, 모든 사람들이 자기 행위에 따라 심판을 받는다고 하기 때문이다. 계시록 저자가 이렇게 하는 이유가 어디에 있는가? 혹자는 계시록 저자가 구원은 오직 믿음으로 받는 것이고 행위는 그리스도인들이 천국에서 상급을 받는 데 필요한 것으로 생각했다고 보기도 하지만, 계시록에는 이에 대한 전거가 전혀 없다. 계시록 저자도 신약의 다른 저자들처럼 인간의 구원은 하나님의 선택과 은혜로 이루어지는 것이지 인간의 공로로 이루어지는 것이 아니라는 구원관을 지니고 있다. 그러나 그는 이와 동시에 구원과정에서의 인간의 책임성에 대해서도 말하고 싶었던 것이

---

[100] 이광진, "요한계시록은 두 가지 구원의 길을 말하고 있는가?", 『한국기독교신학논총 23집』(2002), 100~101: "여기서 '죽은 자들'은 12a절의 '큰 사람이나 작은 사람이나 모두 다 관련되어 있다.' 큰 사람이나 작은 사람'이라는 어구는 전통적으로 모든 연령 또는 모든 계층의 사람들 전체를 표현하기위해 사용된 어법 중의 하나다. 이 어구는 요한계시록에서 20장 2절 외에 네 번 더 사용되는데, 13장 16절과 19장 8절에서는 전체를 구성하는 사회적 양극을 묘사할 때 사용되는 용어로 나타나고 있으며, 11장 19절과 19장 5절에서는 하나님을 두려워하는 모든 자들을 지칭할 때 사용되고 있다. 따라서 행위의 책들에는 오직 불신앙인들의 행위만 기록된다고 볼 수 없다. 요한계시록의 저자는 여기서 그리스도인들이든 불신앙인들이든 죽은 자들 모두 다 자기 행위에 따라 심판을 받는다는 것을 강조하고 있다."

다.[101] 물론 그는 오직 그리스도인들만이 최종 구원을 받을 수 있다고 주장한다. 그러나 그는 그리스도인들의 행위 문제에 대해서도 매우 진지하게 말한다. 그는 특히 요한계시록 2~3장에서 그리스도인들의 행위 문제를 상세히 다루고 있다. 여기서 그는 그리스도인들의 회개 문제를 중점적으로 다루고 있다. 그리스도인들이 최종 구원을 얻으려면 잘못했을 때 회개를 해야 하고 악과의 싸움에서 반드시 이기는 삶을 살아야 한다는 것이다. 특히 이기는 자는 그의 이름이 생명의 책에서 지워지지 않을 것이라는 약속의 말씀이 나오는 3장 5절에는 "그리스도인들도 시련과 시험에서 이기지 못하면 생명의 책에서 지워질 수 있다는 의미가 들어 있다."[102] 따라서 필자는 요한계시록에서도 소박한 신인협동설을 인식할 수 있다고 본다.

V. 결론

지금까지 우리는 예수에게서 볼 수 있는 '소박한 신인협동설'이 신약의 서신서들에서도 나타나는 것을 볼 수 있었다. 바울서신들과 야고보서에는 초기 유대교에서 하나님과 인간의 협력에 대해 말할 때 사용한 단어군 συνεργός / συνεργεῖν이 나타나고 있으며, 목회서신과 요한계시록에도 '소박한 신인협동설'이 들어 있는 것을 발견할 수 있다.

여기서 우리는 신약성서가 인간의 구원 문제에 대해 말할 때 구원

---

101 이에 대해서는 Wayne, 앞의 책(1991), 223~234도 참조할 것.
102 이광진, 앞의 논문(2002), 102.

의 이니셔티브가 하나님께 있다는 것을 강조하지만, 하나님과 인간 중 어느 한 측만을 강조하는 식으로 말하고 있지 않다는 것을 확인할 수 있다. 구원은 하나님 홀로 이루시는 것도 아니고 인간의 노력만으로 되는 것도 아니다. 신약성서는 인간의 구원 문제를 다룰 때 전적인 하나님의 은혜와 구원 과정에서의 인간의 책임성을 동시에 언급한다. 이것은 소위 '상반하는 것의 공존', 즉 '이율배반적인 역설성(ambivalence)'에 해당된다. 이러한 현상에 대해 정진홍은 다음과 같이 적절하게 말을 해 주었다.

그렇지만 그러한 현상은 이상한 것도, 혼란스러운 것도, 인식의 한계가 직면한 모순도 아닙니다. '서로 어긋난 것이 하나가 되어 있는 현상'을 견디지 못하는 것은 이른바 '논리적 일관성을 잣대로 한 경우' 뿐입니다. 합리적 지성의 논리 안에서만 가능한 현실입니다. 삶의 실재 안에서는 오히려 상반하는 것들이 서로 함께 있으면서도 상대방을 소멸시키지 않습니다. 역을 이루는 그 둘이 더불어 하나의 실재를 이룹니다. 그것이 우리가 겪는 직접적인 삶의 현실입니다.[103]

이와 함께 필자는 다음과 같이 언급을 한 스코트(W. A. Scott)와 의견을 같이 하면서 본 논문을 마무리하고자 한다.

구원은 전적으로 하나님에게 달려 있다는 것은 확실히 사실이다.

---

103 정진홍, 『M. 엘리아데: 종교와 신화』(개정판; 파주: 살림, 2013), 28~29.

그러나 기독교 계시에서는 하나님은 인간의 협력 없이 인간을 구원하시지 않는 것 또한 그에 못지않게 확실하다. 구원의 대화에서 대화의 쌍방이, 곧 하나님과 인간이 모두 행동을 보여야 한다. 하나님에게 전적으로 달려 있다는 주장만으로는 충분하지 않다. 이것은 역설적으로, 인간의 역할을 주장함으로써 응수되어져야 한다. 양측이 모두 관련되며, 따라서 어느 한 측만으로는 충분하지 않다. 대화의 한 측만을 지나치게 강조하는 것은 기독교의 왜곡이다. … 기독교 계시에서는 이와 같은 대립적이고, 외양상 상호 모순적인 진리들을 미묘하게 균형을 이루게 함으로써 진리의 전체성을 보존한다.[104]

※ 위 논문은 '소박한 신인협동설'에 관한 필자의 논문(《신학과 현장》, 제25집(2015), 61~88)이다. 본서 제1부 이론 편 제2장의 4. '신성한 성품'과 통합 영성 훈련 모델의 내용과 연관되어 있다.

---

104 윌리엄 A. 스코트/김쾌상 역, 『개신교신학사상사』 (서울: 대한기독교출판사, 1988), 45~46.

나의 영성 매뉴얼

신성한 성품으로 사는 영성 훈련

지은이 이광진
펴낸이 최병천
펴낸날 2025년 9월 30일(초판1쇄)

펴낸곳 신앙과지성사
       출판등록 제9-136 (88. 1. 13)
       주소 | 서울시 서대문구 연희로 177 옥산빌딩 2층
       전화 | 335-6579·323-9867·(F) 323-9866
       E-mail | miral87@hanmail.net
       홈페이지 | http://www.miral.co.kr

ISBN 978-89-6907-403-8   03230

값 15,000원